10년 후 나는
잘살고 있을까

10년 후 나는
잘살고 있을까

2021년 6월 25일 초판 발행

지은이 박요한
발행인 겸 편집인 김낙봉
디자인 은아Book
교 정 김래주
마케팅 김상목
펴낸곳 북네스트
찍은곳 한영문화사

출판등록 제2016-000066호
주 소 경기도 고양시 일산서구 강성로 232번길 16-2
전 화 070-8200-6727
팩 스 031-622-9863
독자문의 laejoo@naver.com
블로그 https://blog.naver.com/book-nest

ISBN 978-89-93409-38-3 03300

사람을 행복하게 하는 출판사 북네스트

*값은 뒤표지에 표시되어 있습니다.
*이 도서의 국립중앙도서관 CIP는 서지정보유통지원시스템 홈페이지(http://seoji.nl.go.kr)와
국가자료공동목록시스템(http://www.nl.go.kr/kolisnet)에서 이용하실 수 있습니다.

10년 후 나는 잘살고 있을까

박요한 지음

북네스트

| 차 례 |

Part 1 30대 10년을 놓치지 마라

Part 2 삶을 지배하는 7가지 법칙

| 들어가며 |

좋은 날은 저절로 오지 않는다

청춘이 아름다운 이유는 아직 책임이 없기 때문이다. 방황해도 되고, 고민해도 되고, 세상을 향해 원망을 퍼부어도 괜찮다. 부양해야 할 가족도 짊어져야 할 사회적 짐도 없다. 시간도 넉넉하다. 그래서 아픈 청춘에도 열광한다. 그마저 청춘의 특권이다.

그러나 30대가 되면 달라진다. 사회생활의 경험과 함께 책임이 부여된다. 부양해야 할 가족이 생긴다. 짊어져야 할 짐도 생긴다. 30대가 되면 20대와 상황이 완전히 달라진다. 더 이상 방황은 안 된다. 고민하며 낭비할 시간도 없다. 세상을 향해 원망하기에는 주어진 책임이 무겁다.

30대부터 진짜 인생이 시작된다. 30대 10년을 어떻게 보내느냐에 따라 40대 이후 50년의 인생이 결정된다. 30대를 잡으면 나머지 인생이 비상하게 되고, 30대를 놓치면 나머지 인생이 추락하게 된다. 30대는 인생에서 가장 중요한 시기다.

안타까운 것은 30대가 인생에서 얼마나 중요한 시기인지 모른 채 지나는 것이다. 중요성을 모르면 잡지 못한다. 잡지 못하면 낭비하게 되고, 낭비해 버리면 이후의 인생은 전체가 허물어진다.

30대가 그렇게 중요하다면 한 가지 질문이 생긴다. 무엇을 준비해야 하는가? 어떻게 살아야 하는가? 이 질문은 사실 같은 질문이다. 무엇을 준비해야 할지를 알면 어떻게 살아야 하는가에 대한 답은 자연스럽게 나오기 때문이다.

처음 가는 길은 낯설다. 그래서 먼저 간 경험자의 안내가 필요하다.

크리스토퍼 콜럼버스가 미국 신대륙을 발견하고 돌아왔다. 사람들이 모여 축하 파티를 하는데 몇몇 사람들이 그의 업적을 시기하며 말했다. "그건 누구나 할 수 있는 일이다." 그때 콜럼버스가 그들에게 달걀을 세워 보라고 했다. 아무리 애를 써도 세워지지 않을 때 콜럼버스가 달걀 끝을 탁 깨뜨려 탁자 위에 세웠다. 사람들은 그렇게 해서 세우는 것은 누구나 할 수 있는 일이라고 했다.

그때 콜럼버스가 유명한 말을 했다. "두 번째는 다 쉬운 법이지." 누구에게나, 어떤 일이든 두 번째는 쉬운 법이다. 그러나 이것을 역으로 말하면 아무리 쉬워 보이는 일이라도 처음에는 당황스럽고 어렵다는 의미가 된다.

내 앞에 30대라는 10년의 시간이 주어졌다. 그렇다면 이 기회를 어떻게 최선으로 활용할 것인가? 30대를 먼저 살아간 인생의 선배로 작은 도움을 주고 싶은 마음으로 이 책을 썼다. 두 번째 가는 길은 조금 쉽기 때문이다.

이 책은 전체 4개의 파트로 구성되어 있다. 제1부는 30대를 위한 인생수업이라는 주제 아래 '변화를 위한 준비', '성공을 위한 단련', '행복을 위한 깊이'라는 3개의 파트로 나누어 다룬다.

변화는 방향 전환이다. 30대는 성공을 향해 방향을 수정하는 시기다. 그리고 그 성공이 행복으로 귀결되도록 바른 걸음을 옮기는 때다. 성공은 행복으로 귀결될 때 진정한 성공이 된다. 행복을 잃어버린 성공은 껍데기뿐인 성공이다. 의미도 보람도 가치도 없다. 진정한 성공은 행복에서 완성된다. 그러므로 30대에는 변화와 성공과 행복이라는 세 마리 토끼를 모두 잡아야 한다.

제2부는 '삶을 지배하는 7가지 법칙'이다. 자연에도 법칙이 있듯이 삶에도 법칙이 있다. 삶은 우연의 집합체가 아니다. 삶은 법

칙에 따라 움직인다. 성공과 행복을 누리는 인생을 위해 새겨야 할 삶의 법칙 7가지를 여기에 적어 놓았다.

살다 보면 좋은 날이 오겠지, 쥐구멍에도 볕 들 날 있겠지라는 막연한 기대는 이루어지지 않는다. 농부가 땅에 좋은 씨앗을 심고 가꾸어야 열매를 거둘 수 있듯이 인생의 법칙도 다르지 않다. 삶의 법칙을 깨닫고, 그것을 자신의 것으로 만들기 위해 부단히 훈련할 때 삶은 인생에 성공과 행복이라는 선물을 안겨 준다.

30대에는 인생의 전환점이자 분기점이다. 30대를 살아가는, 또는 30대를 목전에 둔 당신에게 필요한 인생수업이 이 책에 담겨 있다. 이 수업을 수행하고 일관성을 유지하며 훈련한다면 40대 이후 당신은 높은 창공을 나는 독수리처럼 삶을 지배하며 행복을 향유하는 인생을 살게 될 것이다.

이 책이 그 길로 가는 값진 안내서가 되기를 바란다.

박요한

• • • • •

30대는 인생에서 가장 전략적이어야 할 시기다. 당신도 안다. 30대를 어떻게 보내느냐에 따라 평생이 좌우될 것이란 것을. 하지만 아는 것만으로는 안 된다. 구체성이 결여되어서는 미래가 보장되지 않는다. 30대에 해야 할 3가지의 큰 실천 방안과 15가지의 구체적인 실천 지침에 대한 이야기를 펼친다.

PART 1

30대 10년을 놓치지 마라

여는 글

내 안의

프로페셔널

깨우기

취업하기 위해 몇 년을 매달렸다. 몇 번의 낙방 끝에 드디어 원하던 일자리를 얻었다. 직장에만 들어가면 행복할 것이라고 생각했다. 그런데 왠지 만족이 없다. '열심'이 부족해서 그런 것이라고 자책하며 일에 더 몰두했다. 그럴수록 지쳐 갔다. 요즘은 이 길이 내 길이 아니라는 느낌을 종종 받는다. 일을 할수록 스트레스가 쌓인다. 직장에 가는 것이 재미가 없다.

그렇다고 특별히 뭘 해야 할지 모르겠다. 뭔가 잘못되고 있다고 느끼지만 계속 그 길을 간다. 변화의 필요성에 동의하지만 은근히 두렵기도 하다. 변화하고 싶어도 어떻게 시작해야 할지 막연하다.

월트 캘러스태드(미국의 목사, 작가)는《당신의 꿈을 키워라》라는 책을 통해 자신만의 꿈을 발견할 수 있는 12가지 질문을 던진다. 이 질문을 당신에게 적용해 보기 바란다.

신중하게 하나씩 자신에게 질문할 때 내면에서 비치는 빛을 보게 될 것이다. 쓱 지나가면 소용없다. 답도 신중히 적어 보자. 12가지 질문에 대한 답을 다 적고 나면 '아, 이게 내 길이야.' '내가 원하는 것이 바로 이거야.'라고 탄성을 지를지 모른다. 펜을 준비하고 시작해 보자.

1) 당신이 제일 즐겨 하는 일은 무엇인가?

2) 당신이 최선을 다하는 일은 무엇인가?

3) 당신이 공상에 잠길 때 가장 많이 생각하는 것은 무엇인가?

4) 당신이 더 배우고 싶은 것은 무엇인가?

5) 성공할 수 있다면 당신은 무슨 일을 하겠는가?

6) 당신의 감정에 가장 큰 영향을 주는 것은 무엇인가?

7) 당신이 한 일 가운데 가장 칭찬받은 일은 무엇인가?

8) 당신이 제일 관심 있는 일은 무엇인가?

9) 당신이 가장 존경하는 사람은 누구인가?

10) 당신이 제일 높이 사는 직업은 어떤 것인가?

11) 당신이 가장 신뢰하는 것은 무엇인가?

12) 인생과도 기꺼이 바꿀 수 있는 것은 무엇인가?

위에서 소개한 12가지의 질문은 당신 속에 내재된 꿈을 발견하도록 해준다. 당신이 진정 원하는 것이 무엇인지 알게 한다. 그것을 꿈이라고 불러도 좋고 재능이라고 불러도 좋다. 신은 누구에게나 한 가지씩의 재능은 주어서 세상에 보낸다고 하지 않는가?

꿈은 곧 재능이다. 일을 하면서 꿈이 생기지 않는다면 그 일이 당신의 재능이 아니기 때문이다. 재능과 맞아 떨어지는 일을 할 때 사람은 끊임없이 꿈을 꾼다. 그 일을 통해서 이루고 싶은 꿈이 마음을 설레게 한다. 위의 12가지 질문에 대한 당신의 답이 바로 당신의 꿈과 재능이다. 그것이 당신이 원하는 일이고 그것이 당신이 제일 잘하는 일이다.

빈센트 반 고흐(1853~1890, 네덜란드의 후기인상주의 화가)는 처음에 교사로 일했다. 그러나 적성에 맞지 않아 그만두고 신학교에 들어가 목사가 되려고 했다. 1878년 신학교에 등록하고 2년 동안 선교사로 활동했지만 그 일에 어떤 꿈도 설렘도 없었다. 하고 있는 일에 행복하지 않았을 뿐만 아니라 열심히 할수록 지쳐 갔다. 그래서 목사의 길도 포기해 버렸다.

그 뒤 브뤼셀의 왕립미술아카데미에 들어갔지만 학교 수업에 참가하기보다는 거의 독학으로 그림을 공부했다. 고흐가 화가가 되는 데는 오히려 이것이 결정적인 시기였는데, 자신만의 독특한 스타일로 그림을 그리게 되었기 때문이다. 그리고 지금 우리는 고흐를 역사상 최고의 화가 중 하나로 꼽고 있다.

30대에 꿈과 재능을 찾는다는 것이 어울리지 않아 보이는가? 전혀 그렇지 않다. 20대 시절에는 인생에 대한 생각이 막연하다. 40대가 되면 새로운 일을 시작하기에 시간이 너무 촉박하다. 30대에는 사회 경험을 통해 내면의 요구가 무엇인지 필요성을 인식한다. 막연함이 구체적으로 바뀌고, 변화에 대한 욕망이 일어난다. 이때가 기회다. 아니다 싶으면 과감하게 궤도 수정을 하라. 사표를 던져도 좋다. 마음에 꿈틀거리는 그 일을 하는 것이다.

지금부터 10년을 투자한다 해도 40대밖에 되지 않는다. 지금의 변화로 이후의 50년을 성공과 행복으로 채울 수 있다. 변화가 두려워 자신을 방치한다면 40세를 정점으로 인생은 내리막으로 기울고 몸값도 떨어진다. 50세가 되기 전에 퇴출의 쓴맛과 함께 재기하기 힘든 시기를 맞이하게 될지도 모른다.

용기가 나지 않는다면 당신이 보내야 할 노년의 가난과 비참함을 생각해 보라. 소중한 꿈을 놓쳐 버리고 후회할 날들을 미리 생각해 보는 것이다. 현재의 안일을 포기해야 하는 것이 두렵다면 당신의 뜻과 다르게 인도될 노년의 쓸쓸한 종착점을 상상하며 용기를 내라.

기회는 앞머리는 있지만 뒷머리는 없다. 내 앞에 다가올 때 잡지 못하면 지나간 뒤 후회하게 되는 것이 기회의 양면성이다.

칠흑 같은 바다에 배 한 척이 운항하고 있었다. 멀리서 빛이 반짝이는 것이 보였다. 항해사가 무전을 보냈다.

"우리와 충돌할 수 있으니 항로를 변경하라." 반대편에서 답이 왔다. "변경이 불가능하다." 항해사가 다시 무전을 쳤다 "명령이다. 빨리 항로를 변경하라." 상대편에서 다시 답이 왔다. "변경이 불가능하니 당신이 바꾸라." 화가 잔뜩 난 항해사는 위협적으로 무전을 보냈다. "우리는 거대한 유조선이다. 항로를 바꾸지 않으면 이대로 충돌하겠다." 상대편에서 답이 왔다. "여기는 등대다." 무작정 인생을 걸어가는 사람들이 의외로 많다.

파울로 코엘료(1947~ , 브라질 작가)가 쓴 《연금술사》에 나오는 양치기 소년 산티아고에게 살렘의 왕 멜기세덱이 이렇게 말한다. "마음이 원하는 것을 하라." 그렇다. 가장 고귀한 인생은 '마음이 원하는 것'을 따라 자신의 인생을 사는 것이다. 변화를 두려워하고 머뭇거리는 사람에게 딱 필요한 말이다.

30대의 나이에 변화를 시도한다는 것이 두려울 수도 있다. 그때마다 당신의 남은 인생을 내다보라. 멀고도 긴 인생의 여정에 30대의 나이는 무척 이른 시기다. 당신이 후회하며 살아가게 될 남아 있는 긴 세월에 비하면 30대 10년의 수고쯤은 기꺼이 감내할 만하지 않는가? 자, 그렇다면 항해를 떠날 준비가 되었는가?

첫 번째 이야기 – **변화를 위한 준비**

1. 점검하고 기록하라
2. 언어를 수정하라
3. 이미지를 리메이킹하라
4. 변화에 대응하라
5. 인적 네트워크 만들기

"

30대는

지금 서 있는 자리를 점검하고

미래 준비를 구체화할 시기다.

당장의 성취나 평안함을 추구해서는 안 된다.

30대는 인생 후반전을 위해 지나간 날을

정비하고 내일을 실제적으로

준비하는 시간이다.

"

1. 점검하고 기록하라

30대에 중요한 것은 방향과 목적지다. 지금 어떤 방향으로 가고 있는지 점검해야 한다. 비행기도 배도 목적지가 있고 항로가 있다. 그리고 끊임없이 위치를 점검하고 방향을 조정하며 목적지를 향해 나아간다. 방황하는 인생이 되지 않으려면 30대에 인생의 목표를 분명하게 정해야 한다. 구체적인 계획까지 적어 놓으면 더할 나위 없이 좋다.

천재의 머리보다 무딘 연필이 더 똑똑하다는 말이 있다. 당신에게는 인생의 목표와 계획을 적은 비망록이 있는가? 없다면 지금 당장 준비하라. 머리로 생각하는 것은 금방 희미해진다. 그러나 자신만의 노트에 적어 놓으면 목표와 계획이 더 명확하고 구체적으로 다가온다.

목표는 측정이 가능해야 한다. 성공하기, 부자 되기, 유명한 사람 되기 같은 것들은 목표가 될 수 없다. 이런 것들은 너무 크고 추상적이다. 목표는 구체성과 함께 체계적인 실천 계획이 포함되어야 한다.

'어떻게'라는 것도 중요하다. 어떻게 목표를 실현할 것인가에 대한 답이 실천 계획이다. 여기에서 꼭 필요한 것이 노트에 기록하는 것이다. 기록되지 않은 목표는 얼마 동안 마음에 맴돌다가 사라져 버린다. 중요한 것은 목표와 실행 계획을 적는 것이다. 적으면 성취할 가능성이 수십 배 높아진다.

기록하는 것과 아닌 것에 무슨 차이가 있느냐는 질문을 하고 싶은 사람을 위한 통계가 있다. IMG(글로벌 스포츠 에이전시)의 설립자인 마크 맥코맥(1930~2003)은 《하버드 경영대학원에서 가르쳐 주지 않는 것들》이라는 책을 통해 자신이 1979년과 1989년 두 번에 걸쳐 진행한 조사 결과를 발표했다.

1979년 하버드 경영대학원 졸업생들에게 명확한 목표를 설정하고 그것을 성취하기 위한 구체적인 계획을 적어 보게 했다. 그런데 단 3%의 졸업생들만이 목표와 계획을 구체화하고 기록했다. 13%의 졸업생들은 목표는 있었지만 구체적인 계획을 적지는 않았다. 나머지 84%는 학교를 졸업하고 여름을 즐기겠다는 것 외에 어떤 목표도 제출하지 않았다.

10년 후인 1989년 연구자는 처음 질문 대상자들을 찾아 다시 인터뷰를 했다. 목표는 있었지만 구체적인 계획을 기록하지 않았던 13%는 목표가 없었던 84%의 졸업생들보다 평균 2배의 수입을 올리고 있었다. 그리고 목표와 구체적인 계획을 기록했던 3%의 졸업생들은 나머지 97%의 졸업생들보다 평균적으로 10배의 수입을 올리고 있었다.

세 그룹 사이에는 두 가지 차이가 있었다. 첫째는 목표의 유무(有無), 둘째는 기록의 유무였다. 목표가 없는 사람은 당연히 기록할 것이 없으니 성취할 것도 없다. 목표는 있으나 기록하지 않은 사람은 얼마간 마음에 맴돌다가 사라져 버리니 성취가 적다. 목표와 실행 계획을 적어 놓은 사람은 그것을 자주 보면서 열정을 확인하게 되니 월등한 성취를 이룬다.

이것은 공식과도 같은 자연스러운 결과다. 그러므로 기록하라. 기록의 차이가 능력의 차이를 만든다. 당신이 목표를 종이에 기록하는 순간 유능한 사람으로 탈바꿈된다. 기록하지 않으면 여전히 어제처럼 살게 된다. 기록하면 어제와 다른 새로운 날을 시작하는 것이다.

지금 당장 백지를 펼쳐 놓고 구체적인 목표와 실행 계획을 적어라. 목표와 실행 계획을 잘 보이는 곳에 붙여 두고 자주 들여다보라. 놀라운 것은 적어 놓기만 했는데 그것이 이루어지는 것을 발견하게 되는 것이다.

이유는 이렇다. 종이에 적힌 목표를 보는 순간 당신 속에서 열정이 일어난다. 열정은 다시 목표에 집중해서 실행하도록 사람을 움직인다. 이 두 가지가 맞물려서 돌아가는 것이다. 단순히 종이에 적어 놓았을 뿐인데 그것이 열정과 실행을 자극하여 목표를 향해 굴러가도록 효과를 발생시키는 것이다.

여기서 주의할 것이 하나 있다. 당신의 목표를 타인과의 경쟁 수단으로 삼지 말라는 것이다. 누군가를 비교 대상으로 삼아 더 높은 목표를 정하는 행위 같은 것은 좋지 않다. 당신 마음이 진정으로 원하는 것을 따라 그것을 목표로 정해야 한다.

가슴 속에 언제나 울렁거림으로 남아 있는 것, 동경하는 사람이 있어 그렇게 살고 싶다고 꿈꿔 온 것. 그런 것이 진짜 목표다.

누군가를 비교 대상으로 삼는다는 것은 목표다운 목표가 될 수 없다. 그런 경쟁은 스트레스를 낳고 삶을 피곤하고 만든다. 이런 굴레에 빠지게 하는 것은 좋은 목표가 아니다.

마음이 원하는 것을 구체화시킨 목표에는 타인이 들어올 여지가 없다. 유일한 경쟁자가 있다면 당신 자신뿐이다. 어제의 자신보다 오늘의 자신이 더 발전하는 것이 유일한 경쟁이 되어야 한다.

외식업을 포함해 12개의 계열사를 거느린 와타미그룹이 있다.

일본 외식산업의 선두주자요 가장 혁신적인 회사로 칭찬받는 기업이다. 이자카야라는 일본식 술집을 패밀리 레스토랑으로 변화시켜 외식산업의 혁신을 가져왔고 그 후로도 끊임없는 변화를 통해 그룹을 건실하게 확장해 가고 있다. 2020년 4월에는 제네시스 BBQ와 합작해 서울 강남에 한국 1호점도 오픈했다.

와타미그룹의 회장인 와타나베 미키(1959~)가 1984년 외식업 회사를 창업했을 때 일본에는 이미 1,000여 개의 가맹점을 가진 '스카이 라구'라는 패밀리 레스토랑이 있었다. 그런데도 와타미는 어떻게 스카이 라구를 따돌리고 이 분야 최고가 될 수 있었을까?

다음은 와타나베 대표가 인터뷰 중에 한 말인데 그 말 속에 비밀이 담겨 있다.

"라이벌을 쫓아간다 해도 그들의 발자국을 졸졸 따라가는 것으로는 추월할 수 없습니다."

이 말에 기자가 다시 질문을 했다.

"그럼 당신의 라이벌은 누구입니까?"

와타나베는 망설이지 않고 대답했다.

"어제의 와타나베입니다."

누구와도 경쟁할 필요가 없다. 경쟁의 유일한 상대는 당신 자신뿐이다. 목표는 누구를 이기기 위한 수단이 아니다. 목표의 궁극적인 목적은 마음이 원하는 것을 구체화시켜 자신의 인생을 성공과 행복으로 인도하는 것이다. 30대의 당신이 해야 할 가장 중요한 일은 마음이 원하는 것을 찾아 목표를 구체화시키는 일이다.

목표와 함께 구체적인 실행 계획도 적어라. 그것을 적은 종이는 당신을 위한 인생 지도가 된다. 당신이 나아가야 할 방향과 목적지를 알려 준나. 이 종이는 어제의 당신과 오늘의 당신이 경쟁하도록 만들고, 당신이 끊임없이 발전하도록 격려한다. 그리고 당신의 발전을 가늠해 주는 자료가 된다. 어제에 비해, 지난달에 비해, 지난해에 비해 당신이 얼마나 발전했는지 점검해 주는 좌표가 된다.

대부분의 사람들이 저지르는 치명적인 실수는 열심히 사는 것에만 집중하는 것이다. 올바른 방향으로 가고 있는지 알지 못한다. 엉뚱한 종착지에서 괴로워하는 인생이 너무 많다.

“나는 열심히 산다고 살았는데 왜 이렇게 되었는지 모르겠다.”

주변에서 심심찮게 듣는 탄식이다. 열심히 사는 것은 고귀하고 가치 있는 일이다. 그러나 그 ‘열심’이 어디로 향하고 있는지는 알고 가야 하지 않겠는가?

그러므로 적으라는 것이다. 목표와 구체적인 실행 계획을 적는 순간 새로운 인생이 시작된다.

2. 언어를 수정하라

한국의 경제 기적을 말하면 젊은이들 중 일부는 아예 귀를 막고 듣지 않으려 한다. 그러나 듣기 싫든 좋든 한국의 경제 성장에 기적이라는 표현을 뺄 수 없다. 1953년 한국전쟁이 끝난 직후 한국의 경제 순위는 세계 160개국 중 끝에서 1, 2위를 다투었다. 외국인들은 한국을 아프리카 빈민국과 동일하게 취급했다. 못살아도 너무 못살았고 없어도 너무 없었다.

사회간접시설이 없었고, 공장이 없었고, 농사도 하늘에만 의존하는 구식이었다. 그런 나라와 지금의 한국은 세상이 뒤집어졌다고 할 만큼이나 다르다.

그런데 이런 경우가 세계에서 한국 외에는 없다는 것이다. 최

하위 빈민국에서 선진국이 된 나라는 전세계에서 한국이 유일하다. 독재국가에서 민주주의를 꽃 피운 나라가 된 경우도 한국이 유일하다. 도대체 무엇이 우리나라를 이렇게 만들었을까?

물론 여기에는 많은 요소가 있을 것이다. 교육열, 근면한 국민, 노동자들의 헌신, 정부의 지속적인 경제개발 등 우선 꼽히는 요소 외에 더 중요한 것 하나를 말하고 싶다. 그 중심에는 '잘살아 보자.'는 말로 끊임없이 동기를 부여하고 실천을 이끈 구호가 있었다. 1970년대 새마을운동의 대표적인 캠페인이면서 박정희 정권의 장기 집권 등과도 맞물릴 이야기이지만 정치는 이 책에서 다룰 주제가 아니다.

그보다는 변화의 의식 개혁을 이끌어 낸 언어에 대해 말하려 한다.

변화는 외부에서 오지 않는다. 변화는 의식에서 시작된다. 우리나라의 경제개발 시기, 아침마다 동네 스피커를 통해 듣던 노래가 있었다. '새벽종이 울렸네. 새 아침이 밝았네. 너도 나도 일어나 새마을을 가꾸세.' 이와 더불어 라디오와 TV에서 흘러나오던 노래가 하나 더 있었다. '잘살아 보세. 잘살아 보세. 우리도 한번 잘살아 보세.' 아주 귀에 못이 박히도록 들었던 노래다.

새로운 내일을 기대하려면 의식을 먼저 바꾸어야 한다. 의식의 변화는 내면에서 시작되는데 그 변화에 강력한 영향을 미치는 것이 언어다.

'우리도 한번 잘살아 보세.' 평생에 걸쳐 가난이 숙명이던 나라에 매일 반복해서 퍼진 희망의 노랫말은 사람들의 의식을 강타했다. 박정희 대통령은 독재자였지만 경제에서만큼은 국민의식 개조에 불을 지폈다. 어느 곳에서도 희망을 찾을 수 없고, 어느 누구도 희망을 말하지 않고, 정치인과 지성인들은 패를 이루어 서로 비판에만 열을 올릴 때 새마을운동은 희망의 언어가 되어 사람들의 가슴을 파고들었다.

절망에 빠져 허우적거리는 국민들의 의식에 우리도 잘살 수 있다는 희망을 심어 주었다. 매일 들려오는 노래의 가사가 국민의 마음에 희망의 싹을 피우기 시작했고, 그것이 유효하게 작용해서 지금의 한국을 존재하게 하는 엔진이 되었다.

30대가 되면 세상의 벽이 높다는 것을 실감한다. 그에 비해 자신이 부족하다는 것을 뼈저리게 느낀다. 자신이 거대한 벽 앞에서 있는 메뚜기 같아 보인다. 자연히 의기소침해지고, 부정적이 되기 쉽다. 입에서는 현실의 벽과 사회를 향한 원망과 자신의 초라함을 고백하는 말이 튀어나온다. 무서운 것은 이것이 습관이 되어 버리는 것이다.

말은 커다란 배를 움직이는 작은 방향타와 같다. 방향타의 방향에 따라 배의 목적지가 완전히 달라져 버린다. 마찬가지로 사람이 어떤 말을 습관처럼 하느냐에 따라 인생의 목적지가 결정된다. 습관적으로 부정적인 말을 하면 당신 입에서 나온 그 말이 당신 인생의 방향을 결정해서 실패와 불행의 늪에 빠뜨려 버린다.

부동산중개업을 한다는 40대 남자와 상담을 했다. 재혼을 한 상태로 현재 아내에게서 얻은 딸과 자신이 데리고 온 딸 셋을 함께 키우고 있었다. 그는 "두렵습니다."라는 말을 자주 되풀이했다. "앞날에 대한 자신이 없습니다." "미래가 불안합니다." "어떻게 일을 이어갈 수 있을지 고민되고 아이들도 걱정됩니다." 그의 말에는 온통 두려움과 불행이 가득했다. 나는 그 남자를 위로하고 용기를 북돋아서 보냈다.

몇 년 후 다시 연락이 왔다. 장사가 안 되어 부동산중개업을 그만두고 지방으로 내려갔다고 했다. 그의 말은 여전히 부정적인 것들로 가득했다. 세상을 향한 원망과 미래의 두려움을 습관처럼 내뱉었다. 그리고 또 세월이 지나서 그에게서 연락이 왔다. 암이 걸려서 투병 중이라고 했다.

그 이후로는 연락이 단절되어 어떻게 되었는지 알지 못하나 그의 불행이 우연이라고 생각하는가? 그가 습관처럼 내뱉은 부정적인 언어들이 만들어 낸 운명적인 결론은 아닐까? 말의 힘을 무시한 대가는 아닐까?

인생의 주도권을 쥐려면 먼저 말의 주도권을 쥐어야 한다. 말을 다스리지 못하면 말 때문에 화를 당한다. 패배적이고 부정적인 말을 습관처럼 내뱉으면 그 말에 자신이 짓밟힌다. 말은 통제되어야 한다. 말의 고삐를 바짝 잡고 말을 내 의도대로 다스릴 때 말이 주는 혜택을 누릴 수가 있다.

인생에서 큰 싸움은 말싸움이다. 이는 타인을 이기기 위한 화술을 의미하는 것이 아니다. 진짜 말싸움은 자신의 내면에 있는 두 언어와의 싸움이다. 당신 속에 있는 부정적인 언어와 긍정적인 언어와의 승부인 것이다. 말에서 이기면 인생에서 이기고 말에서 지면 인생에서 진다.

다윗과 골리앗의 싸움 이야기는 드라마틱하다. 블레셋(지금의 팔레스타인)의 장군 골리앗은 270cm의 키를 가진 거인이었다. 이스라엘의 다윗은 아직 소년티를 벗지 못한 목동이었다. 블레셋군을 이끄는 골리앗이 이스라엘을 공격해 오면서 쩌렁쩌렁 울리는 소리로 위협했다.

이스라엘군은 그의 말에 기가 죽어 수풀과 바위 뒤에 숨어서 하염없이 떨고 있었다. 말싸움에서 이미 졌다. 말싸움에서 지니까 기가 죽어 싸울 엄두를 내지 못했다. 그때 소년 목동 다윗이 이스라엘의 사울 왕에게 출전을 청하면서 외쳤다.

"주의 종이 아버지의 양을 지킬 때 사자나 곰이 나타나 양떼의 새끼를 물어 가면 내가 따라가 그 입에서 새끼를 건져 내었고 그것들이 일어나 나를 해하고자 하면 내가 그 수염을 잡고 쳐죽였 나이다. 주의 종이 사자와 곰도 쳤은즉 살아 계시는 하나님의 군대를 모욕한 이 할례 받지 않은 블레셋 사람이리이까. 그가 짐승의 하나와 같이 되리이다."(삼상 17:34~36 ※삼상: 구약성경 사무엘상의 약칭)

말이 끝내주게 긍정적이다. 어떤 두려움도 없다. 자신감과 확신이 가득하다. 다윗은 괴력의 골리앗을 두려워하지 않고 '그가 짐승의 하나와 같이 되리이다.'라고 말했다. 다윗은 전장에 나가 골리앗을 향해 달려가면서 물매에 돌을 먹여서 날렸다. 돌이 그의 이마에 박혔다. 다윗은 쓰러진 골리앗의 칼을 빼앗아 그의 머리를 베었다.

다윗의 승리는 우연이 아니다. 말에 자신감이 넘치니 확신에 차서 돌을 날릴 수 있었다. 확신에 찬 다윗의 행동이 골리앗의 이마를 명중시킨 것이다.

사람은 마음에 있는 것을 말하기 때문에 말을 혁신하려면 먼저 마음을 바꾸어야 한다. 마음에 긍정을 채워 넣으면 자연스럽게 긍정적인 말이 나온다. 긍정적인 생각을 위해서 먼저 부정적 생각의 실체를 파악해야 한다. 그래야 부정적인 생각을 피할 수 있다.

부정적인 생각은 흔들의자와도 같다. 계속 흔들거리지만 한 치도 앞으로 나아가지 않는다. 그냥 제자리에서 흔들거릴 뿐이다. 두려움, 근심, 염려 같은 것들은 삶이 발전하는데 보탬이 되지 않는다. 부정적인 생각은 부정적인 언어를 생산하도록 만들고, 부정적인 언어는 인생을 실패와 불행으로 이끌어 가는 주된 원인이 된다.

불행을 생각하면 불행한 말이 나온다. 불행한 말을 습관적으로 쓰면 인생이 불행으로 방향을 정하고 끌려간다. '현실적으로 불가능해' '어쩔 수 없는 일' 같은 말에 속지 마라. 결국은 부정적인 결론을 받아들이는 말이지 않은가? 그런 말과 생각에 사로잡혀서는 불행의 종착지에 도착하는 것 외에는 어떤 유익도 없다.

그러므로 긍정을 선택하라. 긍정적인 생각을 하고 긍정적인 말을 하라. 긍정적인 언어는 당신에게 희망을 주고 매사에 적극적으로 대처하게 한다. 적극적인 행동은 당신을 발전시킨다. 그것들은 당신을 더 성공적이고 더 행복한 사람으로 이끈다.

'경영의 신'이라고 불리는 마쓰시타 고노스케(1894~1989, 파나소닉의 전신인 마쓰시타 전기 창업자)는 신입사원 면접을 할 때 꼭 이런 질문을 했다.

"당신 인생은 운이 좋았다고 생각하십니까?"

어떤 사람은 예라고 말하고 어떤 사람은 아니오라고 말한다. 마쓰시타는 아니오라고 대답하는 사람은 뽑지 않았다. 학력이나 외적인 조건과 상관없이 그 사람들은 마쓰시타 스타일이 못 되었다. 반드시 예라고 대답한 사람을 뽑았다.

"나는 운이 좋은 사람입니다."

이 대답에는 여러 가지 의미가 있다. 예라는 대답에는 긍정적인 인생관이 깃들어 있다. 긍정적인 인생관에는 자신을 운 좋은 사람으로 만들고자 하는 노력이 들어 있다. 이런 노력은 자신을 좀 더 나은 사람으로 만들어 준다. 더 나은 사람으로 성장한 만큼 자신이 운 좋은 사람이라고 생각한다. 이렇게 반복해서 아름다운 선순환이 일어나는 것이다. 이런 사람은 회사에서도 열정적인 사원이 된다.

긍정적인 사람은 매사에 감사한다. 성공의 기회가 무한한 곳에 태어난 것을 행운이라고 생각하고 감사한다. 좋은 직장을 만나는 것을 행운이라고 생각하고 감사한다. 좋은 상사와 동료들을 만난 운이 좋은 사람이라고 여기며 감사한다. 아내와 아이들을 보면서 행복한 가정을 가진 행운아라고 생각하며 감사한다.

이런 사람은 진심으로 자신이 운이 좋은 사람이라고 생각하는 것이다. 그런 생각으로 인해 그에게는 더 많은 행운이 다가온다.

플라시보 효과라는 것이 있다. 위약 효과라고 하는데 약효가 있다고 굳게 믿고 약을 먹으면 밀가루로 만든 가짜 약이라도 신통한 효과를 나타내는 것을 말한다. 가짜 약도 마음먹기에 따라서 이렇게 반응이 달라진다.

당신 입에서 나오는 언어는 가짜 약 정도가 아니다. 말은 말 자체가 엄청난 힘을 가지고 있다. 그대로가 힘이고 에너지다. 말은 배의 키처럼 당신의 운명을 결정하는 방향타다. 그러므로 긍정적인 말은 위약 효과를 훨씬 뛰어넘는 실제적인 에너지가 되는 것이다.

플라시보 효과와 반대되는 의미의 노시보 효과라는 것도 있다. 괜히 나쁜 상황에 빠질 것 같은 생각을 하면 진짜 나쁜 일이 일어나는 것을 말한다. 왠지 승진하지 못할 것 같은 예감이 들면 승진 명단에서 내 이름이 빠진다. 사업이 나빠질 것 같은 예감에 사로잡히면 사업이 정말 하향 곡선을 그린다. 불치병이 걸릴 것 같은 생각을 자주 하면 진짜 불치의 병에 걸린다.

이것은 우연이 아니다. 말이 사람의 운명을 이끌어 가기 때문이다. 자연스러운 악순환인 것이다.

오래전에 책에서 읽은 이야기다. 거짓말 같은 내용이지만 나는 그 책을 쓴 작가가 거짓말을 쓰지는 않았다고 생각한다. 50대 여성이 있었다. 이 여성에게는 어릴 때 엄마가 치과에서 수술을 받다가 죽은 충격이 평생 따라다녔다. 그때 이후로 치과에 가는 것을 극도로 두려워했다. 아무리 이가 아파도 참으면서 치과에 가기를 꺼렸다. 치과에 가면 엄마처럼 죽게 될 것 같은 생각이 들었다.

'나는 치과에 가면 엄마처럼 죽을 거야.' 이것이 생각의 중심이 되었고 습관처럼 입으로 고백했다. 결혼을 하고 자녀를 낳은 후에도 치과와는 거리를 두었다. 치과는 안전하다고 자녀들이 아무리 말해도 듣지 않았다.

치통이 너무 심해졌다. 참을 수 없는 지경이 되어 어쩔 수 없이 치과에 가게 되었다. 자신도 엄마처럼 죽을지 모른다고 생각하니 두려움이 온몸을 감쌌다. 치과 의자에 누워 두려움에 사로잡힌 그녀는 사시나무 떨듯 떨고 있었다. 그리고 의사가 의료기를 이에 대는 순간 심장이 멎었다. 그녀는 심장마비로 죽고 말았다.

어리석은 여자라고 생각하는가? 내 생각은 좀 다르다. 수많은 사람들이 이 여성처럼 자신을 죽음의 길로 내몰고 있는 것이 보이기 때문이다. 차이라면 위 글에서의 여자는 갑자기 죽은 것이고, 부정적인 언어가 습관 된 사람들은 서서히 자신을 죽이고 있는 것이 다를 뿐이다. 그러면서 그것이 얼마나 무서운 일인지 모르고 있으니 안타깝다.

운명은 외부의 힘으로 바뀌지 않는다. 운명의 변화는 내면에서 시작된다. 내면의 변화를 위한 가장 효과적인 방법은 생각과 말을 바꾸는 것이다. 긍정적인 말, 할 수 있다는 생각, 행복하다는 생각, 잘된다는 표현으로 채우는 것이다. 진부하다고 취급하지 마라. 결코 진부한 말이 아니다. 평범하지만 강력한 진리다.

다시 강조하지만 생각과 말이 바뀌지 않는 한 인생은 바뀌지 않는다. 말을 바꾸려면 가슴에 긍정적인 생각을 채워야 한다. 긍정적인 생각은 긍정적인 언어를 만들어 낸다. 그리고 그 언어는 당신을 긍정적인 방향으로 인도한다. 당신이 반복적으로 어떤 말을 한다면 당신이 말한 그곳이 도달할 목적지가 된다.

미국의 IBM이 10조 원이나 되는 적자에 허덕이던 때가 있었다. 그때 루이스 거스너(1942~)라는 사람이 CEO로 취임했다. 그가 직원들에게 던진 첫 마디는 태평했다.

"10조 원의 적자. 괜찮아, 괜찮아." "나에게 5년의 시간을 주면 다시 회사를 흑자로 만들겠습니다."

현실에 어울리지 않는 말이었지만 그의 표정은 확신에 차 있었다. 회사가 흑자로 돌아서는 데 얼마나 걸렸을까? 5년? 10년? 놀라지 마라. 거스너는 단 1년 만에 IBM을 4,000억 원의 흑자 기업으로 바꾸어 놓았다. 물론 여기에는 종합적인 평가가 필요하지만 그 모든 것의 첫 걸음에는 거스너의 긍정적이고 확신에 찬 말이 있었다는 것을 부인하지 못한다.

당신의 언어를 수정하라. 징징거리며 핑계를 대고 환경에 책임을 돌리는 부정적인 말과 이별하라. 긍정적인 말들로 당신의 인생을 채워라. 말을 수정함으로써 당신의 인생은 위대한 변화를 맞이하게 된다.

거대한 유조선의 길을 정하는 방향타는 참으로 작다. 그러나 그것이 어느 쪽으로 움직이느냐에 따라 유조선은 방향을 잡는다. 말은 당신이 걷는 길에 방향타와도 같은 작용을 한다.

희망이 없다고 하지 말고 희망이 있다고 말하라. 나는 못한다고 하지 말고 나는 할 수 있다고 말하라. 내일은 암담하다고 하지 말고 내일은 밝다고 말하라. 나는 자격이 없다고 하지 말고 나는 충분히 자격이 있다고 말하라. 나는 어렵다고 하지 말고 나는 성공한다고 말하라. 나는 경제적으로 빈곤하다고 하지 말고 나는 부족하지 않다고 말하라. 나는 불행하다고 하지 말고 나는 행복하다고 말하라.

매일 말하라. 계속 말하라. 지속적으로 말하라. 당신의 의식이 변할 때까지 말하라. 의식이 변하면 변한 의식으로 말하라. 당신은 멀지 않아 진짜 그런 사람이 되어 버린다.

3. 이미지를 리메이킹하라

남루한 옷을 입은 부랑자가 화실 옆에 기대어 졸고 있었다. 가끔씩은 화가의 그림을 넘겨다 보기도 했다. 어느 날 화가가 그림 하나를 그 사람에게 내밀었다. 멋진 양복을 입고 아주 좋은 자동차와 함께 있는 신사의 모습이었다. 부랑자는 그림을 받아들고 화가에게 물었다.

"이 사람이 누구입니까?"

"바로 당신입니다."

남자는 당황했다. 자신은 지금 남루한 옷을 입고 있는 부랑자인데 그림 속의 남자는 누구라도 다시 쳐다볼 멋진 신사였기 때문이다. 남자는 되물었다.

"제 모습과는 너무 다른데요."

화가가 다시 분명한 목소리로 말했다.

"아닙니다. 이것이 당신의 진짜 모습입니다."

부랑자는 순간 가슴이 뛰었다. 자신에게도 한때는 그런 모습이 있었다. 그때가 회상되었다. 그는 화가를 보면서 확신에 찬 목소리로 대답했다.

"이게 진짜 내 모습이라면 이렇게 살아야겠습니다."

남자는 그림을 가슴에 품고 희망차게 걸어갔다.

이미지를 리메이킹 해야 한다. '셀프 이미지'라는 말이 있다. 스스로 인식하는 자신을 가리키는 말이다. 당신은 셀프 이미지만큼 인생을 살 수 있다. '자신은 중요한 사람이고, 유능한 사람이고, 할 수 있는 사람이다.' 그런 셀프 이미지가 충만할 때 당신은 성공할 자격이 있고 인생은 행복으로 가득해진다.

셀프 이미지는 내면에서 시작한다. 자신에 대한 가치를 인정하고 긍정적인 면을 확대하는 것이 필요하다. 우리는 살면서 주변으로부터 너무나 많은 판단을 받아 왔다. 개중에는 왜곡된 판단도 상당하다. 어떤 대학 출신인가, 부모가 어떤 사람인가, 연봉 수준 등 세상에 의해 재단된 왜곡된 판단 속에서 살다 보면 부정적인 이미지가 긍정적인 이미지를 압도해 버린다. 이런 상처에서 생겨난 왜곡된 셀프 이미지가 열등감과 우월감이다.

열등감과 우월감은 양 극단에서 다른 형태로 나타나지만 동일하게 나타나는 것이 있다. 타인과의 비교를 통한 자리 매김이다. 열등감에 매인 사람들은 늘 자신을 비하하고, 비판이 그 사람의 아이콘이 되어 버린다. 우월감에 젖은 사람들은 툭하면 타인의 꼬투리를 잡는다. 그 속에는 비판을 통해 상대적으로 자신을 높이려는 왜곡된 인식이 있다.

열등적인 비하는 자신을 더욱 초라하게 하고, 우월적인 비판은 그런다고 자신이 높아지지도 않는다. 그들의 깊은 내면은 열등감이나 우월감에 바탕하는 부정적 셀프 이미지에 갇혀 있다.

이에 필요한 것이 바로 자기인정이다. 자신의 유일성과 가치에 대해 눈을 떠야 한다.

'나는 나 자신일 뿐이다. 나는 누구와도 비교 대상이 아니다. 나는 세상에 단 하나뿐인 고유한 존재다. 나는 나 자신으로 충분히 가치가 있다. 비교 가치가 아니라 고유한 가치다. 대량으로 찍어낸 상품이 아니라 하나밖에 존재하지 않는 작품이다. 그러므로 나의 가치는 다른 사람과 비교 평가되는 성질의 것이 아니다. 오직 나 스스로 최고의 가치를 지닌 유일한 인격체다.'

이런 것이 긍정적 셀프 이미지의 출발점이다. 내가 나를 인정하고, 내 가치를 긍정하게 되면 건강한 자존감이 형성된다. 그러면 목에 핏대를 세우며 남을 비판하지도 않게 되고, 남으로부터 어지간한 비판을 들어도 흔들리지 않는다. 긍정적인 셀프 이미지는 내면의 빛과 같다.

반대로 부정적인 셀프 이미지를 장기적으로 가지면 어떻게 될까? 답은 정해져 있다. 그것은 겸손이 아니라 자기파괴다.

사람은 생각하는 만큼 나아간다. 당신 자신에 대해 긍정적인 이미지를 그려라. 부모가, 학교가, 교사가, 세상이, 직장이, 상사가, 친구가 만들어준 이미지는 당신 것이 아니다. 그들은 조언인지 비판인지 모를 말로 곧잘 당신을 깎아내린다. 그런 부정적인 이미지에 무너져 간 사람이 한둘이겠는가.

고귀하고, 가치 있고, 성공적이며, 행복으로 가득한 원래의 당신 자신을 발견하라. 어느 누구도 실패자로 세상에 태어나지 않았다. 어느 누구도 초라한 사람은 없다. 모든 사람은 가치 있고, 성공 능력이 있고, 행복을 누릴 자격이 있다. 바로 당신이 그 주인공이다.

믿어라. 의심하지 말고 믿어라. 당신은 진짜 그런 사람이다. 이 진실을 바탕으로 당신의 셀프 이미지를 다시 그려라. 그것을 바라보고, 그대로 믿고, 그대로 살면, 그대로 이루어진 자신을 보게 된다.

나폴레옹 힐(1883~1970)은 미국의 28대 대통령을 지낸 윌슨 대통령의 고문이자 《생각하라! 그러면 부자가 되리》 등의 명저를 남긴 성공철학의 대가다.

그의 사무실로 한 남자가 상담차 찾아왔다. 그는 자신이 파산했으며 완전히 실패한 인생이라고 했다. 아무리 직장을 얻으려 해도 직장을 얻을 수 없다면서 절망스러운 말을 쏟아 놓았다. 힐은 이 남자를 데리고 한 방으로 들어갔다. 거기에는 커다란 전신 거울이 있었다. 힐은 그 남자를 거울 앞에 세워 놓고 방을 나온 후 문을 닫았다.

한참의 시간이 지났다. 방에서 남자의 울음소리가 들려 왔다. 처음에는 흐느끼는 소리가 들리더니 점점 커져서 나중에는 통곡으로 변했다. 얼마 동안 울더니 그 남자가 방에서 나왔다. 그리고는 감사하다는 말을 남기고 돌아갔다.

시일이 좀 지난 후 나폴레옹 힐이 뉴욕 거리를 지나는데 한 신사가 달려오더니 인사를 했다.

“누구신지요?”

힐의 물음에 그 남자가 말했다.

“지난번에 선생님을 찾아갔다가 거울방에 들어갔던 사람입니다. 조만간 찾아뵙고 감사 말씀을 드리려 했는데 이렇게 길에서 만나게 되어 인사를 드립니다.”

힐은 아무리 둘러봐도 얼마 전 자신을 찾아왔던 사람과는 다른 인물 같았다. 멋진 신사가 되어 있었기 때문이다. 힐이 그간 어떤 일이 있었느냐고 물었더니 그 남자가 대답했다.

“선생님이 저를 거울방으로 안내할 때 왜 그런 곳에 있게 하는

지 이해를 못했습니다. 멍하니 한참 동안 거울을 보고 있는데 갑자기 울음이 터져 나왔습니다. 그것은 저의 본래 모습이 아니었습니다. 꿈으로 가득하고, 자신감에 차 있고, 활기차고 멋진 신사의 모습을 하던 때가 있었는데, 거울 속의 저는 완전히 실패자의 모습이었습니다. 그날 다시 저의 본래 모습으로 돌아가기로 결심했습니다. 집으로 돌아와 당장 머리를 깔끔하게 정리하고, 가진 양복 중 제일 좋은 것으로 갈아입고, 구두를 반짝이게 닦고 자신만만하게 면접을 보러 다녔습니다. 몇 군데나 다녔을까. 한 회사에서 내일부터 출근하라는 대답을 들었습니다. 제가 스스로 이미지를 바꾸자 고용자들이 저에게 호감을 가지기 시작했습니다. 그렇게 해서 지금 즐겁게 직장에 다니고 있습니다."

그럴 듯하게 외모만 바꾸는 것은 소용이 없다. 내면에서 시작된 변화가 되어야 한다. 나폴레온 힐을 찾아온 남자는 거울방에서 스스로의 내면을 바꾸기로 결심한 것이다. 그리고 그에 걸맞은 외모로 바꾸었을 때 기회를 잡게 되었다.

힐은 백 마디 말보다 그 남자가 자신을 돌아볼 수 있도록 해주었다. 어쩌면 자신의 모습을 보고도 별 느낌이 없는 사람이 더 많을지 모르겠다. 그러나 그 남자는 다행히 소중한 시간을 헛되어 보내지 않았다.

건강한 셀프 이미지는 내면과 외면이 연동되어야 한다. 외적으로 드러나는 첫 표출은 옷차림이다. 꼭 비싼 옷이 아니더라도 당당함이 묻어나는 차림을 보이는 사람이 있다. 내면과 외면이 조화될 때 나오는 모습이다.

세상은 당신의 실력을 보기 전에 외모와 옷차림을 먼저 볼지 모른다. 사람을 만나면 약 2초 안에 첫인상이 결정된다는데 그때 정해진 인상은 그대로 유지되는 경우가 많다고 한다. 물론 대화를 진행하면서 이미지 변화가 가능하기도 하겠지만 첫인상이 긍정적이라면 그만큼 관계에 유리할 것이다.

첫인상을 결정하는 중요한 포인트가 외모와 옷차림이다. 비즈니스 모임이라면 당신의 센스 있는 옷차림은 그 이상의 이익을 안겨주기도 할 것이다. 당신의 모습이 호감을 준다면 사람들은 당신이 하는 말에 신뢰를 보낼 준비를 하기 때문이다.

브라이언 트레이시(1944~ , 브라이언 트레이시 인터내셔널 회장)는 '당신 인생에서 무시해도 좋을 만큼 사소한 것은 없다.'라고 했다. 이미지라는 것이 어쩌면 사소한 것일 수 있지만 상대에 따라서는 큰 영향을 미치는 요소가 될 수 있다. 비즈니스나 신뢰가 필요한 자리라면 그것이 결정적인 계약을 따내게 하거나 신뢰관계를 구축하게 할 수도 있다는 것이다.

두 번째는 몸관리다. 30대 나이에 벌써 불룩 튀어나온 배를 하고 있다면 미래는 암담하다. 신체를 비하하자고 하는 말이 아니다. 직장이나 비즈니스에서 좀 더 성공적인 사람이 되려면 그 정도 자기관리로는 안 된다는 것을 이르는 말이다. 불룩 튀어나온 배, 무뚝뚝한 표정, 느릿느릿 걷는 태평스러움은 퇴출 1순위다.

여기서 지적하려는 것은 자신을 방치하는 게으름이다. 직장과 비즈니스에서 성공을 도모하는 사람이라면 단정하게 정리된 머리에 수염은 깔끔하게 면도 되어 있어야 한다. 이것은 단지 외모를 아름답게 꾸미는 차원을 넘어서 자기관리를 잘하고 있다는 무언의 어필이다.

이미지 가꾸기는 기업도 다르지 않다. 새로운 상품을 출시하면 예전에는 성능에 대한 광고가 중심이었지만 요즘은 이미지 중심으로 광고를 한다.

모터쇼나 자동차 CF에는 곧잘 아름다운 여성이 등장한다. 차가운 쇠로 구성된 자동차와 우아한 여성은 사실 조화롭지 않다. 그럼에도 불구하고 여성의 이미지를 소비자에게 부각시킴으로써 자동차와 여성의 멋진 분위기가 매치되도록 한다. 또, 성공한 남자 이미지, 자유롭고 터프한 이미지의 남자를 등장시키기도 한다. 자동차와 성공과 여유를 동일시하는 이미지다.

자동차 광고를 보면서 모델에게서 느낀 호감과 매력이 자동차로 전이되도록 각인시키는 것이다. 또한 모델은 나도 저 차를 타면 그와 같은 성공, 여유로움, 터프함을 누릴 수 있을 것 같은 느낌을 준다.

광고는 이미지 전쟁이다. 이미지가 성공을 결정한다. 그러므로 성공하고 싶다면 성공한 사람의 이미지를 가져야 한다. 유능하고 싶으면 유능한 사람의 이미지를 가져야 한다.

어떤 이미지를 가지느냐가 인생을 결정한다. 당신이 유능한 이미지를 보여주고 성공한 이미지를 보여줄 때 그것이 당신을 유능함과 성공으로 인도한다.

좋은 이미지를 만드는 세 번째 요소는 표정이다. 온라인 취업 사이트 '사람인'에서 직장인 1,278명을 대상으로 표정관리에 대해 조사했다. 조사에 응한 직장인 중 64.4%가 '표정관리를 잘하지 못해서 손해를 본 적이 있다.'고 대답했다. 표정관리의 필요성에 대해서는 응답자 중 무려 95.9%의 사람들이 '중요하다.'고 했다. 또, 47.7%의 응답자는 '주변에서 표정관리를 잘하는 사람을 보면 직장생활을 잘한다는 생각이 든다.'에 동의했다.

이런 통계는 표정관리가 직장생활에 꼭 필요한 요소라는 것을 말해 준다. 적어도 절반 이상의 사람들이 표정과 직장생활의 성패가 어느 정도 연관이 있다고 대답한 것이다.

20대까지는 부모로부터 물려받은 얼굴로 아름다움이 결정된다. 그러나 40세가 넘으면 표정으로 아름다움이 결정된다. 그것은 그 중간에 끼인 30대에 결정된다. 30대에 표정을 어떻게 관리하느냐에 따라 40대 이후의 얼굴이 달라진다.

무뚝뚝하고 얼굴이 굳어 있어 매력이라고는 하나도 없는 표정을 가질 것인가? 아니면 부드러운 호감형의 표정을 가질 것인가? 그 갈림길에 30대의 표정이 있다. 30대 10년을 잔뜩 찌푸리고 살면 40대 이후 당신의 얼굴은 밥맛 떨어지는 비호감형이 된다. 30대에 표정관리를 잘하면 당신은 나이가 들어서도 사람을 끌어당기는 매력적인 얼굴을 가지게 될 것이다.

얼굴은 순수한 우리말인데, '얼'에다 '꼴'을 더한 말이다. 얼은 마음을 뜻하고 꼴은 모양이니 얼굴에는 마음의 모양이라는 뜻이 숨어 있다. 마음에 어떤 생각을 품느냐에 따라 그 사람의 얼굴이 만들어진다. 마음이 우울하면 얼굴이 어둡고 칙칙해진다. 걱정하며 밤새 뒤척이고 나면 화장도 먹지 않는다. 마음에 화가 잔뜩 나 있으면 얼굴이 붉고 굳어진다.

반면 기쁜 일이 있어서 박장대소하고 나면 얼굴이 환해진다. 하루 종일 마음이 날아갈 듯 기쁘면 저녁이 되어도 여전히 생기 있는 얼굴이 유지된다. 마음이 평안하면 얼굴이 부드러워진다.

그러므로 표정을 호감 있게 가꾸려면 먼저 긍정적인 마음을 가져야 한다. 그러면 사람을 끌어당기는 매력적인 얼굴이 된다. 자신의 얼굴을 매력적으로 가꿀 방법을 아래에 소개하니 매일 훈련해 보라.

1) 아침에 일어나면 1분씩 입꼬리를 올려 주는 운동을 하라.

'후히 후히, 쿠키 쿠키'를 반복하는 것이다. 뒤의 음절에 악센트를 줘서 하라. 후 다음에 히를 발음할 때, 쿠 다음에 키를 발음할 때 악센트를 주는 것이다. 입꼬리를 올리는 운동을 규칙적으로 하는 것이다. 아침에 일어난 후 그리고 하루 중 생활하면서 수시로 연습하라.

2) 활짝 웃는 연습을 하라.

의도적으로 표정을 최대한 밝게 하고 활짝 웃는 연습을 해 보자. 무표정한 얼굴을 그냥 내버려두지 마라. 그렇게 10년을 보내고 40대를 맞으면 비호감의 인상이 된다.

입을 살짝 벌리고 입고리가 위를 향하도록 활짝 웃어라. 소리를 내면 훨씬 더 효과가 있지만 소리를 내지 않고 표정으로 웃는 것만으로도 굉장한 효과가 있다. 마음까지 활짝 피어나는 것을 경험하게 될 것이다.

3) 닮고 싶은 사람이 있다면 그를 따라 표정 연습을 하라.

동일한 직업군이라면 더 좋다. 그 사람의 표정을 흉내 내라. 좋은 것은 얼마든지 따라 해도 좋다. 흉내 내는 것을 부끄러워하지 마라. 자신보다 나은 사람을 따라 해서 발전할 수 있다면 오히려 장려할 만하다.

사람은 셀프 이미지만큼 인생을 산다. 30대인 현재 시점에 성공인가 실패인가는 중요하지 않다. 지금 어떤 이미지를 가지고 있느냐가 더 중요하다.

성공적인 인생을 살고 싶으면 먼저 동일한 이미지를 가져야 한다. 아무렇게나 옷을 입고 낡은 신발을 신고 어깨는 축 늘어뜨린 채 왜 나에게 행운이 오지 않느냐고 투덜대 봐야 입만 아프다. 유능함과 성공을 원하면 먼저 자신을 유능한 사람처럼, 성공한 사람처럼 대우해 줘야 한다.

베스트셀러 작가인 말콤 글래드웰(1963~)은《블링크》라는 책에서 사람이 얼마나 감정 주도적인지를 기술했다. 그 책의 부제가 '첫 2초의 힘'이라고 되어 있다. 그는 많은 연구와 관찰을 통해 사람들이 실제 상황을 접할 때 논리보다 감정에 절대적인 영향을 받는다는 것을 알았다. 글래드웰이 말하는 감정은 첫 인상에서 확 치고 들어오는 느낌을 의미한다. 그러므로 비즈니스나 인간관계에서 성공하려면 이 느낌을 잡아야 한다. 이것에 결정적 역할을 하는 것이 호감을 주는 셀프 이미지다.

비즈니스에서는 기선제압이라는 것이 있다. 기선제압을 하기 위한 최고의 전략은 위압적인 분위기가 아니라 먼저 호감을 얻는 것이다. 외모에서부터 매력적이고 호감 있는 이미지를 풍기라는 말이다. 첫 이미지에서 호감을 얻으면 뒷일은 쉬워진다.

글래드웰은 책에서 말하기를 '사람들은 설명을 듣고 결정하는 것이 아니라 이미지로 결정한다.'라고 했다. 계약을 할 것인가 말 것인가? 그 결정을 이끌어 내는 데는 신뢰감이 물씬 풍기는 이미지가 관건이 된다는 것이다.

제품을 구입할 때도 사람들은 제품보다 제품을 판매하는 사람에게 더 많은 비중을 둔다고 했다. 관리 안 된 몸과 무뚝뚝한 표정에 열정이라고는 찾아볼 수 없는 형식적인 설명이라면 제품이 좋아도 사고 싶은 생각이 떨어진다.

좋은 이미지는 상대방을 기분 좋게 하는 것을 넘어 경쟁력이 된다. 그래서 30대 시기가 중요하다. 30대에 이미지가 망가지면 인생이 망가진다. 30대는 20대의 젊음과 40대의 노련함 사이에 끼어 있다. 30대를 어떤 이미지로 보내는가에 따라 20대의 아름다움을 배가시킬 수도 있고 반대로 아름다움이 상실된 비호감적인 40대를 맞이할 수도 있다.

아랫배가 불룩 나온 몸매, 무뚝뚝하고 매력 없는 표정, 느릿느릿한 행동은 퇴보하는 인생의 전형적인 이미지다. 이런 이미지로 당신이 꿈이나 목표에 대해 이야기하면 자기관리나 먼저 하라는 충고를 들을 것이다.

엉덩이를 바짝 당기고 배에 힘을 주고 활기차게 걸어라. 밝은 표정에 생기 있는 얼굴을 하라. 적절하게 외모를 꾸미고 사람들에게 호감을 주는 옷차림을 하라. 그렇게 당신의 셀프 이미지를 매력적으로 리메이킹 하라. 이미지가 경쟁력이다.

4. 변화에 대응하라

인류는 6,000년 동안 농경사회를 유지해 오다가 1815년을 기점으로 산업사회를 일으켰다. 그로부터 150여 년이 지난 1960년대 중반, 서비스산업 시대라는 말이 생겼다. 제조업에 종사하는 사람들보다 서비스업에 종사하는 사람들이 더 많아졌기 때문이다.

그리고 1980년대 후반부터는 정보산업 시대가 열렸다. 많은 인력이 정보의 생성과 처리 과정에 종사하게 되었다. 그로부터 불과 10여 년 만인 2000년대에 들어서는 소통을 중심으로 하는 커뮤니케이션산업 시대가 펼쳐졌다. 정보, 아이디어, 엔터테인먼트, 뉴스, 교육 서비스의 생산 과정에 종사하는 사람들이 폭발적으로 증가했다.

농경사회를 벗어나는데 무려 6,000년의 시간이 필요했다면 산업사회는 150년 만에 정점을 이루었다. 그로부터 서비스산업 시대 → 정보산업 시대 → 커뮤니케이션산업 시대로 옮겨 가는 데는 형성기가 훨씬 짧았다.

물론 이 모든 것을 시대별로 정확하게 구분하기는 어렵다. 커뮤니케이션은 정보와 서비스를 하위 산업으로 포함하고 있기 때문이다. 서비스, 정보, 커뮤니케이션 세 가지가 공존하는 상태에서 커뮤니케이션이 주도권을 쥐고 이끌어 가고 있다는 의미다.

이를 바탕으로 현대는 지식 콘텐츠와 그것을 커뮤니케이션 할 수 있는 능력이 성공과 직결된다. 커뮤니케이션 능력이 당신의 가치와 성공을 결정한다.

40대 중반의 한 남자와 면담을 했다. 그는 불만조로 말하기를 우리 사회가 단단히 잘못되었다고 했다. 이유인즉 자신은 아침부터 저녁까지 노동해서 한 달에 200만 원 남짓 버는데 사무실에서 편안하게 일하는 사람들은 자신보다 훨씬 많은 돈을 버니 정당한 사회가 아니라는 것이었다.

이 사람의 불만에는 중요한 한 가지가 빠져 있다. 희소가치가 빠져 있다. 육체노동은 건강하기만 하면 누구나 할 수 있다. 기술이 필요한 것이 아니다. 아침에 인력시장에 나가면 당일 바로 일할 사람을 구할 수 있다. 내가 아니라도 다른 사람이 할 수 있다.

그러나 사무실에서 하는 일은 다르다. 다 그런 건 아니지만 저마다의 전문성을 바탕으로 업무를 처리할 수 있는 일정한 역량을 가지고 있어야 한다. 물론 단순 사무직도 있다. 이런 일은 육체노동과 마찬가지로 급여가 높지 않다. 희소가치가 없기 때문이다.

시간의 양보다 더 중요한 것은 희소성이다. 희소성이 있다면 한 시간의 수고로 단순 노동자가 하루 종일 버는 돈의 열 배도 벌 수 있다. 30대에 해야 할 가장 중요한 일은 자신의 희소성을 높이는 것이다.

희소성을 올리기 위한 가장 좋은 방법은 트렌드를 읽는 것이다. 현대 경제학의 창시자로 불리는 피터 드러커(1909~2005, 미국의 경영학자)는《위대한 혁신》이라는 책에서 이렇게 말했다. '변화를 거부하는 것은 불가능하다. 다만 우리가 할 수 있는 일은 변화의 선두에 서는 것뿐이다.'

변화에 적응하기 위해서는 두 가지를 읽어야 한다.

먼저 시대의 흐름을 읽어야 한다. 시대가 어떻게 변해 가며 어디로 향하고 있는지 읽어 내야 한다. 둘째는 사람들의 요구를 읽어야 한다. 시대가 변하는 만큼 사람들의 요구도 변한다. 과거의 요구와 지금의 요구는 다를 수밖에 없다. 지금 사람들이 요구하는 것이 무엇인지 정확하게 읽어 내야 적응이 가능하다. 현실에 안주하다가는 금방 퇴보한다.

중요한 것은 지금이 아니다. 앞으로 10년 후 40대 이후가 되었을 때 희소성이 있는 사람이 될 수 있도록 준비하는 것이다. 안주하는 것은 퇴보로 가는 길이다.

청둥오리 떼가 추위를 피해 남쪽으로 날아가다가 배를 채우기 위해 옥수수밭에 내려앉았다. 옥수수로 배를 채우고 잠시 휴식을 취한 청둥오리들은 다시 남쪽으로 날아갔다. 그런데 한 마리가 대열에서 이탈했다.

'아직 먹을 것이 많은데 며칠 더 머물다 가야겠군.'

청둥오리는 풍성한 옥수수를 그냥 두고 갈 수 없었다. 추위는 소리 없이 다가오는데 먹을 것은 넘쳐났다. 청둥오리는 현실을 만족스러워했다. 청둥오리는 옥수수의 풍성함에 사로잡혀 계속 머물렀다.

안주는 현실의 풍요로움과 안정을 즐기며 그 자리에 머무는 것이다. 청둥오리는 안주했다. 당장은 어떤 문제도 없어 보였다. 그러나 보이지 않는 문제가 있었으니 겨울이 가까이 다가오고 있었다. 먹이는 부족하지 않았으나 추위는 전혀 다른 장애였다.

비극은 미리 경고하지 않는다. 아무 일 없는 듯 조용히 다가온다. 갑자기 추위가 밀려왔고, 찬 서리가 내린 어느 날 청둥오리는 옥수수밭에서 얼어 죽고 말았다.

변화의 시기는 언제가 적당한가? 성장의 한계점에 오르기 전이다. 대부분의 사람들은 한계점에서 끝물까지 거두고 난 뒤 내리막에서 변화를 시도한다. 그때는 너무 늦다. 시기를 놓쳐 버린 청둥오리 신세가 되고 만다. 한계점에 이르기 전에 변화해야 한다.

성장의 7부 능선이 그 시점이다. 현재에서 현재를 보고 준비하는 것이 아니라 미래를 내다보며 현재를 판단하고 준비해야 한다. 10년 후에는 어떻게 될 것인가를 예측하면서 변화에 적응해야 한다. 이것이 희소성을 높이는 방법이다.

변화에 거부감이 있는 사람들이 있다. 옛날이 좋았다고 말한다. 맞기도 하고 틀리기도 하다. 옛날이라고 다 좋았을 리는 없다. 그럼 지금은 다 좋은가? 그것도 아니다. 좋은 것과 나쁜 것이 섞여 있다. 그럼에도 왜 변화해야 하는가? 미래를 선점하기 위해서다. 변화에 거부감을 느끼는 사람들은 미래에 자신이 없기 때문일 수 있다. 곰곰 생각해 볼 일이다.

30대의 나이는 어떤가? 30대는 살아온 날보다 살아갈 날이 아직 많다. 현재에 안주하기보다는 적극적으로 변화에 뛰어들어야 할 시기다. 변화에 대한 해석이 필요한 것이 아니다. 변화에 적응하느냐 못 하느냐만이 있다. 새로운 변화에 적응하는 사람은 당당히 생존할 것이고 그렇지 못한 사람은 퇴출될 것이다.

물론 변화를 비판하고 거부할 수 있다. 두 가지 경우에 가능하다.

첫째는 당신의 희소성이 대체 불가능할 때다. 당신밖에 그것을 할 사람이 없고 그 분야에서 최고의 실력이 있다면 변화의 물결을 도도히 거슬러도 생존 가능하다. 최고를 위한 자리는 언제든 보장되니까.

둘째는 변화의 물결이 자신의 생존이나 직업과 전혀 관계가 없을 때다. 문학을 하는 사람들이 물질만능사회를 비판한다고 해서 퇴보하지는 않는다. 오히려 비판을 녹여 자신만의 창작으로 나아갈 수 있다. 학교 선생님이 학생들이 입는 짧은 미니스커트를 비판할 수는 있다. 그러나 옷을 만드는 디자이너는 그러다가는 망한다.

변화가 당신의 생존이나 직업과 관련된다면 적극적으로 참여하고 흡수할 수 있어야 한다. 그리고 기왕이면 변화의 주도권을 잡아야 한다.

선박이 중요한 운송 수단일 때 대부분의 재력가들은 철도 건설에 반대했다. 두 가지 이유를 내세웠다. 하나는 기차가 너무 빨라서 사람들이 정신을 잃을 것이라고 했고, 또 하나는 빨리 달리는 것은 신의 뜻을 거역하는 행위라고 했다. 심지어 기차가 굴을 통과할 때 사람들이 질식하거나 코피를 흘릴 것이라고도 했다.

그러나 세상은 변하는 것이고 변화를 막을 방법은 없다. 새로운 철도 건설은 앤드류 카네기(1835~1919, 미국의 철강 사업가)라는 기업가를 낳았고, 피츠버그라는 철강 도시를 탄생시켰다.

변화와 관련해 더 가치를 띠려면 자신만의 고집과 색깔이 있어야 한다. 맹목적인 변화는 곤란하다. 무슨 말인가!

10대들의 특징은 획일성이다. 아이들은 대개 아이돌스타를 좋아하며 몇몇 유행하는 상품을 똑같이 입거나 신고 다닌다. 20대들도 다르지 않다. 그런데 재미있는 것은 50대들도 유사하다는 것이다. 모이기만 하면 정치 이야기뿐이다. 감히 단언하건대 획일적인 이야기에 매몰된 사람들은 대체로 별 볼일 없는 인생들이다.

획일적이어도 10대, 20대는 남은 시간이 많아서 변화 가능성이 있지만 30대부터는 다르다. 나이가 들어서도 여전히 변화를 외면한다면 자신만의 꿈이 없이 그냥 흘러가는 인생이다. 30대가 10대 같은 40~50대가 될지 여부는 당신의 선택에 달려 있다. 정치 이야기나 반복하며 신문기사 내용을 복사한 듯 말한다면 50대가 되어서도 별 볼일 없기 십상이다.

30대가 되었으면 자기주관이 있어야 한다. 변화를 추구하되 자신만의 세계를 가져야 한다. 이것은 분명한 목표에서 나온다. 자신만의 목표를 정하고 목표를 이루기 위해 깨어 있는 정신으로 사는 사람이라야 획일성에 매몰되지 않는다.

그것은 자신의 분야에서 미래를 예측하고 독특한 희소성을 키워 나가는 일이다.

자동차 시대가 열릴 것을 내다보고 현대자동차를 창업했던 정주영(1915~2001) 회장은 변화에 적극적으로 대처한 행동가였다. 그는 평생 동안 자사에서 만든 차만 타고 다녔다. 당시 한국 최고 부자였던 정 회장은 다른 그룹의 부자들이 수억 원짜리 수입 외제차를 탈 때도 자사에서 만든 자동차를 고집했다.

이런 고집은 결코 변화와 대치되는 것이 아니다. 자신과 비슷한 부자들이 고급 외제차를 타기 때문에 자신도 당연히 외제차를 타겠다는 획일적인 생각을 배격했다. 그보다는 성능이 부족해도 자신의 회사에서 생산한 차를 타면서 무엇이 부족한지 몸소 느끼고자 한 멋진 고집을 가진 사람이었다. 이런 고집을 우리는 철학이라고 말한다.

포항에 가면 맛이 기가 막힌 찐빵가게가 있다. 옛날식으로 찐빵을 빚어내는데 한 번 맛을 본 사람들은 다시 찾지 않을 수 없다. 어디에서도 맛볼 수 없는 특별한 맛이다. 전국 각지에서 사람들이 찾아온다. 그런데 하루에 일정한 양 이상의 찐빵을 만들지 않는다. 대부분은 오전에 다 팔려 버린다.

더 많은 찐빵을 만들면 손님을 더 받을 수 있고 돈도 많이 벌 테지만 그렇게 하지 않는다. 사업을 확장하거나 2호점, 3호점 같은 지점도 내지 않는다. 그냥 옛날식으로 그 장소에서 찐빵 맛을 지켜가고 있다. 이것은 퇴보가 아니다. 탁월함이다. 최고의 희소성을 가진 자만이 가질 수 있는 고집이다.

30대에는 변화와 함께 바로 희소성을 추구해야 한다. 변화에 적응하는 것은 운명이다. 그러나 변화에 적응한다는 것이 남들을 따라하는 획일성이어서는 곤란하다. 변화의 선두에서 변화를 주도하고, 자신의 희소성을 높이는 쪽으로 변화의 방향을 잡아야 한다.

그런 선택에 가장 어울리는 시기가 바로 젊음과 경험을 함께 가진 나이인 30대다.

5. 인적 네트워크 만들기

무능력한 상사 밑에서 세월만 보내는 것보다 큰 낭비도 없다. 직장에서 성공하는 비결 중 하나는 상사를 신중하게 고르는 것이다. 이 말에 '그게 가능해? 어디 취직이라도 되는 게 감사할 판인데 내가 어떻게 상사를 고를 수 있어?'라고 할지 모르겠다.

반은 맞고 반은 틀린 얘기다. 틀린 얘기일 수 있다는 것은 경력직원으로서 이직할 때라면 옮겨갈 곳의 조직 구성을 미리 알아볼 수 있기 때문이다. 이 부분은 뒤에서 이어가기로 하고 아직은 초급직원 입장에 만나는 상사부터 보자.

우리가 태어나면서 좋은 부모를 고를 수 없듯이 취직을 하면서 좋은 상사를 고르는 것은 불가능하다. 운이 좋으면 유능한 상사를 만나는 것이고, 운이 나쁘면 형편없는 상사가 걸리는 것이다. 이걸 어떻게 바꿀 도리가 없다. 그렇다고 무능한 상사 밑에서 세월을 허송하는 건 옳지 않다.

기준이 있다. 비록 상사가 무능해도 악하지 않은 사람인 경우다. 이런 상사라면 나만 열심히 일하면 얼마든지 승진의 기회를 얻을 수 있다. 이 정도면 좋은 환경이다.

나쁜 경우는 무능하면서 욕심이 많은 상사다. 이런 상사는 자신의 무능력을 인정하지도 않고 아랫사람이 성과를 내는 것을 질투한다. 성과를 가로채는 것도 모자라 부하의 인격까지 모독한다. 하루라도 빨리 헤어져야 할 상사다.

인적 네트워크에 대한 이야기를 하면서 직장 상사를 첫 번째로 언급하는 것은 아직은 직장에서 아랫자리에 있을 30대인 당신에게 그만큼 중요한 인적 상대이기 때문이다.

상사 얘기를 좀 더 해 보자. 상사 중에는 자기 혼자 능력을 나타내는 사람이 있고 아랫사람이 능력을 발휘하도록 이끌어 주는 사람이 있다. 일을 잘하는 유능한 상사라면 내가 요령껏 배워야 한다. 아랫사람이 일을 잘할 수 있도록 이끌어 주는 상사라면 더욱 좋다. 아이디어를 나누어 위임하며 성과를 함께 나누는 상사는 당신의 능력을 최대한 이끌어 낸다. 탁월한 상사다.

그러나 일은 잘하지만 성과를 독차지하는 상사가 있다. 이런 상사 밑에서는 일할 맛이 생기지 않는다. 부하의 의욕을 꺾어 무능해지게 하는 나쁜 상사다. 빨리 벗어나는 게 좋다. 당장 월급이 아쉬워 붙어 있다고 해도 앞날이 암담하다.

언젠가 서점에서 본 책의 표지에 이런 카피가 적혀 있었다. '직장을 백 번 옮기고 나는 성공했다.' 정확한 기억은 아니지만 어쨌든 이런 내용이었다. 우직하게 참는 것이 필요할 때도 있지만 과감하게 떠나는 것이 옳을 때도 있다.

당장의 월급을 보지 말고 10년 후의 모습을 그려 보라. 현재 어떤 상태인가보다 더 중요한 것은 10년 후에 어떤 상태로 있을 것인가다.

당신이 지향하는 분야에서 최고인 상사를 찾는 수고를 해야 한다. 이직을 할 때 연봉보다 더 중요한 것은 그 집단의 인재 구성이다. 직접적으로는 나를 키워줄 실력 있는 상사가 있느냐다. 어떤 상사를 만나느냐의 문제는 당신이 얼마나 성장할 수 있느냐와 직결되기 때문이다. 유능한 상사를 만나면 당신은 그 밑에서 놀라운 발전을 이룬다. 가치가 폭발적으로 올라가 당신의 희소성이 높아진다.

그럼 어떤 사람이 유능한 상사일까. 밖에서 보는 눈길로 그의 품성까지는 사실 알기 어렵다. 그렇다 해도 자신의 분야에서 가시적인 실적을 내는 사람인가는 수소문하면 찾을 수 있을 것이다.

실적은 일단 유능한 상사 선정의 1순위다. 실적이 높은 사람 밑에서 일하는 것은 행운이다. 좀 까다롭더라도 이런 상사라면 충분히 참을 이유가 있다. 무능한 상사 밑에서 인간적인 대우를 받는 것보다 능력 있는 상사 밑에서 까다로운 대우를 받기로 결심하라.

어느 정도 경험이 쌓인 30대라면 상사를 고를 자격이 있다. 이직을 한다면 자신만만하게 그들과 만나라. 당신이 원하는 분야에서 성공적인 업적을 남긴 사람을 찾을 때까지 계속 만나고 시도하라.

당신을 소모시키는 상사가 아니라 유능함을 키워줄 수 있는 사람을 찾아라. 눈앞에 보이는 수입보다 그곳에서 당신이 얼마나 성장할 가능성이 있는지를 먼저 살펴라. 상사를 신중하게 선택하라. 당신이 만나는 상사에 따라 인생 후반전이 힘차게 날아오를 수도 있고 추락할 수도 있다.

미국 영화배우 덴젤 워싱턴(1954~)은 골든글러브 남우주연상을 받은 후 이런 수상소감을 남겼다.

"편안함, 이것은 당신이 발전하는데 역경보다 더 큰 장애물입니다."

매우 적절한 말이다. 당신은 30대이고 남은 인생을 위해 발전해야 할 시기다. 지금 당신에게 필요한 것은 편안함이 아니라 미래를 위한 발전이다. 조금 까다로워도 당신의 능력을 향상시켜 줄 유능한 상사라면 충분히 참아낼 이유가 된다.

유능한 상사가 있는 곳이라고 판단해 이직했으면 그의 일 처리 방식을 유심히 관찰하라. 업무 스타일까지 그대로 배워라. 나는 나야, 라고 말하지 말고 겸손하게 배워라. 사람이 성장하는데 제일 좋은 방법은 자신의 분야에서 성취를 이룬 사람에게서 배우는 것이다. '거인의 어깨를 딛고 올라서라.'라는 말이 있다. 좋은 상사는 당신이 10년에 걸쳐 이룰 일을 5년으로 단축시켜 준다. 현실에서는 좋은 상사가 그런 거인이다.

세상에 완벽하게 독창적인 것은 거의 없다. 그보다는 기존의 것들을 융합하거나 변형시킨 창의가 대부분이다. 그런 일을 잘하는 회사, 그런 상사 아래 들어가 일을 해야 당신이 발전한다.

인적 네트워크의 두 번째 집단은 평소 가깝게 지내는 사람들이다.

하버드와 보스턴대학 교수를 지낸 데이비드 맥클렐런드(1917~1998, 욕구이론으로 유명한 미국의 심리학자) 박사는 '참조집단 연구'를 했다. 참조집단이란 어떤 조사나 연구에 참여하는 집단을 말한다. 한 사람이 어떤 사람을 사귀느냐를 분류해서 25년간 연구를 진행했다. 그 결과 사귀는 사람에 따라 성공과 행복에 대단한 차이를 보였다고 한다.

긍정적인 집단과 함께한 사람들이 부정적인 집단과 함께한 사람들보다 훨씬 큰 성공과 높은 행복지수를 띠고 있었다. 사람은 가깝게 어울리는 사람의 행동과 의견을 무의식적으로 받아들이는 습성이 있다. 그렇기 때문에 함께 시간을 보내는 사람들을 특별히 신중하게 선택해야 한다.

비록 친구라고 해도 부정적인 사람은 친구 자리에서 해고해야 할 1순위다. 당신이 만나는 친구들 중 상당수는 회사에 불만이 많고, 뒤에서 상사를 욕하고, 직장생활을 불평하는 사람들이다. 이런 사람들과는 관계를 재고할 필요가 있다.

될 수 있으면 긍정적이고 생산적인 관계가 되도록 인적 네트워크를 다시 구축하는 것이 필요하다. 왜냐하면 어떤 사람을 가까이 하느냐에 따라 그것이 당신 인생에 큰 영향을 미치기 때문이다. 인적 네트워크를 구축하는 데는 선택과 집중이 중요하다.

더 쉽게 말해 만나는 사람을 선택하는 데 이기적인 사람이 되라고 하고 싶다. 여기서 이기적이라는 말은 내 이익만 생각하라는 뜻이 아니다. 그보다는 어쩌면 이타심에 더 가까울 수 있다. 부정적인 사람과 관계를 끊지 못해 계속 만난다고 치자. 모이면 함께 세상을 불평하고 상사를 비난하는 시간을 보낸다. 언제나 패턴은 똑같다.

이런 관계는 상대방에게도 자신에게도 마이너스를 가져온다. 서로의 발전에 아무런 도움이 되지 않는다. 이런 관계라면 과감히 끊어 버리는 것이 좋다. 이기적인 행동 같지만 실상은 서로를 해로움에서 건지는 이타적인 행동이다. 진정한 이타심은 서로에게 긍정적인 영향을 미치는 관계다.

당신이 만나는 사람은 당신의 미래 모습이다. 그들은 당신 인생 후반전은 미리 보여주는 예언의 거울이다. 그러므로 이후의 인생을 성공과 행복으로 채우려면 인간관계를 점검해 재정립해야 한다.

당신이 좋은 인적 네트워크를 형성하고 있는지 아래 항목들을 점검해 보기 바란다. 이것은 당신이 만나는 사람들에 대한 점검, 나아가 당신도 타인에게 긍정적인 영향을 미치는 사람인지 점검해 주는 지표다.

항목 앞에 '당신 / 당신이 만나는 사람들은'이라는 전제를 붙여서 자문해 보자.

1) 미래에 대해 희망적으로 말하는가?
2) 자신의 분야에서 가시적인 성장이 있는가?
3) 부정적인 언어보다 긍정적인 언어가 월등히 많은가?
4) 인생 목표에 확신이 있는가?
5) 자신에 대한 도덕적 기준이 분명한가?
6) 어떤 사건을 볼 때 비판하더라도 긍정적 요소를 찾아내는가?
7) 약속을 잘 지키는가?
8) 말 속에 겸손함이 들어 있는가?

9) 함께 있으면 열정이 마음에 차오르는 것을 느끼는가?

10) 셀프 이미지가 건강한가?

먼저 당신부터 이런 사람이 되라. 그리고 유유상종의 사람을 만나라. 상사든 동료든 친구든 기준을 정하고 사람을 선택하라. 사람은 서로가 서로에게 영향을 미치기 때문에 신중하게 판단해야 한다. 당신이 먼저 긍정적인 사람이 되고 또 그런 사람들과 인적 네트워크를 구축하면 성공과 행복의 그물을 촘촘하게 엮게 되는 것이다.

이런 네트워크를 만든 후 다음 순서는 상호간의 신뢰 쌓기다. 신뢰가 형성된 명단이 늘어날수록 당신의 미래는 그만큼 튼튼해진다. 30대에 해야 할 일 중의 하나는 바로 이런 인적 네트워크의 구축이다.

효과적으로 인적 네트워크를 구축하는 5가지 방법을 소개한다. 모든 좋은 것에는 노력이 필요하다. 인적 네트워크 구축도 다르지 않다. 노력과 수고는 당신의 인간관계를 견고하게 만들어 줄 것이다.

1) 명단을 작성하라.

당신이 친밀한 관계를 가지기를 원하는 사람이 있다면 먼저 그들의 명단을 작성해 보라. 명단 작성에 제한을 둘 필요는 없다.

네트워크를 구축하는데 가장 나쁜 자세는 그들보다 당신 자신이 못하다고 생각해 시도조차 않는 것이다. 명단을 작성하면 최소한 첫 번째 관문은 통과한 것이다.

2) 물고기가 노는 곳에 그물을 던져라.

그들이 즐겨 찾는 단체와 모임에 참여하라. 단체에 가입하기 전에 그 단체의 설립 목적이 무엇이고 어떻게 운영되는지에 대해 충분한 정보를 수집하는 것이 필요하다. 활동하는 사람들이 누구인지 가장 중요한 일은 무엇인지 꼼꼼하게 살펴보라. 이를 통해 처음 만나는 사람과 대화를 시작할 수 있는 재료를 얻을 수 있다.

3) 질문을 던져라.

그 사람의 전문 분야에 대해 질문을 하라. 궁금한 점이 있으면 끊임없이 질문을 퍼부어라. 자신의 분야에 업적을 남긴 사람은 남들에게 은근히 자랑하고 싶은 본능이 있다. 누군가 질문해 준다면 기꺼이 대답할 준비가 되어 있다. 존경하는 마음으로 질문을 던지고 진심으로 경청하라. 제대로 된 질문을 하면 상대방은 당신을 친구로 생각한다. 아무것도 질문하지 않는 사람에게는 아무런 관심도 기울이지 않는다.

4) 대가를 바라지 말고 봉사하라.

얻어내기 위해서 다가가면 실패한다. 도움 받을 계산부터 하면 상대방이 먼저 눈치를 채고 피한다. 이기적인 생각을 버리고 진심으로 봉사하라. 그럴 때 상대는 감동한다. 감동을 받으면 기억한다. 기억하면 기회가 왔을 때 그 사람은 당신을 선택하게 된다.

뿌린 대로 거두는 것이 자연에만 해당되는 일이 아니다. 인간관계의 가장 강력한 법칙이 바로 뿌린 대로 거둔다는 것이다. 대가를 바라지 말고 봉사하면 나중에 대가를 받게 된다.

5) 진실하라.

속임수와 위장이 없어야 한다. 내 사람을 만들려는 얄팍한 수단은 통하지 않는다. 진심이 가장 강력한 힘이다. 링컨의 말처럼 거짓말은 잠깐 사람을 속일 수는 있지만 모든 사람을 오랫동안 속일 수는 없다. 진실이 아니면 얼마 가지 못해서 들통난다. 진실은 오랫동안 관계할 수 있는 진정한 친구를 만들어 준다.

30대부터는 인적 네트워크를 구축해야 한다. 인간관계가 풍부하면 더 많은 기회를 얻을 수 있다. 인적 네트워크를 구축할 때 당당함과 겸손함을 겸비하라. 당신이 별 볼 일 없는 사람이라는 이미지를 풍기지 마라. 자신의 일에 유능하고 비슷한 레벨 또는 그 이상의 사람을 사귈 만한 자질이 있다는 것을 상대방이 알게 하라.

그리고 대가를 바라지 않는 봉사는 씨앗을 뿌리는 것과 같다. 얼마 만큼이라는 기간 설정 같은 건 하지 마라. 진심을 다하는 봉사는 때가 되면 반드시 달콤한 열매로 돌아온다. 진실보다 더 단단한 끈은 없다. 관계가 지속되도록 단단히 묶어 주는 끈이 진실이다.

30대에 인적 네트워크를 견고하게 구축해 놓으면 그들은 당신의 40대 이후를 위한 우군이 되고 당신이 위기에 처했을 때 방패가 되어줄 것이다.

두 번째 이야기 – **성공을 위한 단련**

"

30대는

프로페셔널로 성장해야 하는

시기다. 그래야만 40대 이후 자기 분야에서

리더적 위치에 오를 것이고, 그 반대인 경우라면

남의 거점에 의지해 끌려가는 삶을 살게 된다.

30대의 10년을 태풍의 눈으로 키울지

아닐지는 당신의 의지에

달려 있다.

"

6. 전문성은 희소성이다

프로페셔널이 되기 위해서는 먼저 자신의 현주소를 냉정하게 검토해야 한다.

피터 드러커(1909~2005, 미국의 경영학자, 작가)는 이것을 '원점에서 재검토하기'라고 했다. 원점에서 냉정하게 자신의 실력을 객관적으로 평가해야 한다. 막연히 '앞으로 좋아지겠지.'라고 생각하는 것은 위험하다. 인정하기 싫은 약점이 있다고 할지라도 과감하게 직시하는 것이 필요하다.

가까운 사람들에게 물어보거나 전문가의 도움을 구할 수도 있다. 가장 중요한 것은 내면의 소리를 듣는 것이다. 변명과 책임 전가를 버리고 스스로 문제를 분석해 답을 찾아야 한다. 내면의 소리를 들으라는 것은 객관적인 자료를 가지고 냉정하게 자신을 평가하라는 것이다. 그래야 대책이 보인다. 당신의 현주소를 원점에서 재검토해 그 지점에서 새롭게 시작하라.

1) 자신이 주도한 프로젝트를 문서화하라.

30대이면 직장생활을 하는 중에 몇 번의 프로젝트를 진행해 보게 된다. 그것을 매뉴얼로 만드는 것이다. 프로젝트의 기획 단계에서부터 진행, 시행착오, 성취를 자세히 기록한다. 기록은 흘러가는 물을 가두어 다목적발전에 이용하는 것과 같다.

매뉴얼은 유사한 다른 프로젝트를 진행할 때 중요한 안내서가 된다. 시간을 절약하게 해 주고, 시행착오를 줄게 해 주고, 세부적인 지식을 탐구하도록 지식의 바탕을 제공해 준다. 매뉴얼을 작성하면 아마추어에서 프로로 성장한다. 프로의 세계는 냉정하다. 이런 세계에서 살아남는 유일한 길은 전문가가 되는 것이다.

당신이 하는 일을 남들보다 조금 더 잘하는 것, 그것만이 유일한 생존 전략이다. 그렇게 되려면 끊임없이 발전해야 하는데 프로젝트를 진행할 때마다 매뉴얼로 만들어 두면 발전에 큰 도움이 된다.

2) 전문 분야의 기반이 되는 책을 읽어라.

브라이언 트레이시 인터내셔널 회장인 브라이언 트레이시는 고등학교 중퇴 학력으로 사회에 나왔다. 공장 잡부로 일하던 어느 날, 자신도 성공한 사람들의 대열에 끼고 싶다는 생각에 서점으로 달려가 성공한 사람들의 이야기를 사서 읽기 시작했다고 한다.

트레이시는 독서를 통해 성공학 분야의 전문가 수준에 이르게 되었다. 나중에는 성공학, 비즈니스 등과 관련한 수십 권의 책을 쓰고, 많은 사람들에게 강연을 했다. 그의 책은 세계 수십 개국 언어로 번역되었다. 트레이시는 매년 수천만 달러의 수입을 올리는 비즈니스 전문가가 되었다. 몇 년 전 한국에 와서 한 시간 강의를 하면서 8억 원의 강연료를 받았다. 이것이 프로의 가치다.

무의미하게 보내는 시간을 줄여서 독서 시간으로 바꾸라. leader(리더)는 reader(독서가)라는 말이 있다. 승진하고, 수입을 늘리고, 리더의 자리에 이르기 위해서는 지속적으로 성장해야 한다. 지속적인 성장에 독서는 굉장히 중요한 수단이다.

3) 학위 과정에 등록하라.

미국의 한 연구소에서 학위와 수입의 비례관계를 조사했다. 과거의 통계여서 현재와는 액수의 차이가 있지만 여기서는 단순히 학위에 따른 수입의 편차를 알고자 하는 목적이므로 적절한 자료라 생각된다.

평생 수입으로 비교할 때 고등학교 졸업자는 평균 60만 달러를 벌었다. 2년을 더 공부한 전문대 졸업자는 100만 달러, 4년제 대학 졸업자는 140만 달러의 수입을 올렸다. 석사 학위자는 200만 달러, 박사 학위자는 300만 달러를 벌었다. 이 통계는 학위가 수입과 직결됨을 보여준다.

수입은 능력에 대한 대가다. 학위를 가진 사람들이 그만큼 능력 있는 사람으로 대우를 받는다는 증거다. 물론 학위를 취득하는 데는 엄청난 노력과 많은 돈이 든다. 그러나 이것은 절대 손해 보는 투자가 아니다. 학위 과정을 통해 전문적인 지식을 쌓은 만큼 세상은 당신에게 더 많은 돈을 지불할 준비를 하고 있기 때문이다.

4) 전문가에게 배워라.

배드민턴 국가대표 상비군과 경기를 한 적이 있다. 그는 혼자서 하고 나는 동료와 둘이서 게임을 했다. 처음에는 가볍게 생각했다. 우리도 어느 정도 배드민턴을 치니까 2대 1이면 게임이 비슷하게 진행되지 않을까 생각했다.

결과는 예상 밖이었다. 게임이 끝날 때까지 단 한 점도 따지 못한 채 참패하고 말았다. 그동안 함께 배드민턴을 쳤던 사람들은 전부 비슷한 수준이었다. 그러나 이번에는 수준이 전혀 달랐다. 도저히 상대가 되지 않았다.

전문가를 만나면 자신의 수준이 드러난다. 끼리끼리 수준에서 도토리 키재기를 하지 말고 전문가를 만나라. 전문가에게 배우면 실력이 파격적으로 상승한다.

5) 기본기에 충실하라.

아마추어의 특징은 기본기보다는 테크닉에 익숙하다는 것이다. 테크닉은 비슷한 사람끼리 게임을 할 때 효과를 본다. 그러나 제대로 기본기를 갖춘 사람과 상대를 할 때 테크닉은 기술이 아닌 꼼수에 불과하다.

프로의 강점은 기본기가 철저하다는 것이다. 그들은 섣부르게 테크닉을 배우지 않는다. 기본기가 될 때까지 몇 달이고 몇 년이고 계속 연습한다. 기본기를 확실히 하지 않은 상태에서 테크닉을 배우게 되면 실력이 멈춰 버린다.

사업도 다르지 않다. 꼼수로 사업을 해서 한몫 챙기려다가 망한 사람이 한둘이 아니다. TV 프로그램 〈백종원의 골목식당〉을 보면 매번 같은 이야기가 반복된다. 장사의 기본을 끊임없이 강조하고 꾸짖는다. 사업만큼 기본기를 필요로 하는 것도 없다. 사업을 시작하려면 그 분야의 전문가가 되어야 한다. 기본기에 충실한 프로가 되어야 한다. 기본기 위에 경험이 축적되어야 실력이 는다.

스파르타 군대 장군에게 물었다. "승리의 비결이 무엇입니까?"

스파르타 장군이 대답했다. "훈련입니다."

훈련에서 땀을 많이 흘리면 전장에서 피를 적게 흘린다는 말이 있다. 기본기에 충실하면 실전에서 실패를 적게 한다. 연기자가 얼굴과 몸매로 인기를 얻을 수 있다. 그러나 잠깐이다. 연기의 기본기가 없으면 발연기라고 비난당하며 금세 잊힌다. 70이 넘은 나이에도 왕성하게 활동하는 연기자들을 보면 모두 기본기가 탄탄하다.

프로페셔널은 기본기가 만든 작품이다. 30대에 기본기를 충실히 익히며 10년을 보낸다면 40대 이후의 인생은 전문가라는 타이틀을 달고 비상하게 된다.

사업을 계획하고 있다면 다음의 10가지를 점검하기 바란다.

1) 당신이 하고자 하는 사업에 대해 정말 잘 알고 있는가?

2) 경쟁 상대가 누구인지 경쟁 상품이 무엇인지 분명히 파악하고 있는가?

3) 날마다 사업의 목표를 생각하고 목표를 위해 모든 노력을 쏟고 있는가?

4) 전문가에게 당신의 목표를 알리고 필요한 충고를 듣고 있는가?

5) 사업과 관련된 자기계발을 위해 기꺼이 돈을 쓰는가?

6) 당신의 부가가치를 높이는 방법에 대해 다각도로 모색하고 투자

하는가?

7) 고객이 원하는 것이 무엇인지 파악하고 바로 제공하고자 하는가?

8) 전문가들의 방법을 배우고 따라하려고 노력하는가?

9) 사업에 대한 구체적인 계획을 세우고 있는가?

10) 잘할 수 있다는 적극적인 생각이 있는가?

세상은 목검으로 적당히 즐기는 놀이터가 아니다. 하나에서 열까지 모두 진검승부다. 연습 게임도 없다. 한 번의 실수로도 회복이 불가능한 상처를 입을 수 있다. 진검승부에서는 꼼수가 통하지 않는다. 탄탄한 기본기와 그 위에 제대로 익힌 실력만 존재한다.

결혼해 가정을 이루고 살다 보면 돈을 쓸 곳이 하나씩 늘어 간다. 은행 대출금 변제, 자녀 교육비 등 목돈이 쑥쑥 나간다. 그밖에 이것저것 필요한 대로 지출하다 보면 정작 자신을 위해 투자할 돈은 남아 있지 않다.

그러나 이것은 위험하다. 농부는 이듬해 농사를 위해 종자씨앗을 남겨 놓는다. 보릿고개에 아무리 배가 고파도 그것만은 손대지 않는다. 내년 한 해 양식이 될 것이기 때문이다.

자신을 위한 투자는 종자씨앗과 같다. 우선 급하다고 자신에게 투자해야 할 돈을 다 써 버린다면 나중에 거둘 것이 없어진다. 자신을 위한 종자씨앗을 반드시 남겨야 한다. 수입의 10% 정도는 자신의 전문성을 위해 투자해야 한다. 투자한 양에 따라 생산의 양이 결정된다.

자기계발을 위한 일이라면 돈을 아끼지 마라. 30대를 비록 가난하게 보낸다 할지라도 당신의 미래를 위한 돈은 아끼지 마라. 오락과 유흥비로 나가는 돈을 최소화하라. 낭비하는 돈과 재생산하는 돈을 구별하라. 돈이 없다고 말하는 사람은 여기에서 혼동한다. 낭비하는 돈을 우선적으로 지출하다 보니 재생산할 곳에 투자할 돈이 없는 것이다. 돈은 우선순위를 따라 움직인다. 우선순위를 전문성 향상에 둔다면 돈은 자연스럽게 재생산하는 곳으로 모이게 된다.

전문성은 희소성이다. 당신이 자신에게 투자한 만큼 전문가가 되고, 전문가가 되면 희소성을 지닌다. 희소성을 가져야 전문성을 인정받는다. 전문가는 고지를 점령한 사람이다.

전투를 할 때 고지를 점령하기 위해 피나는 싸움을 한다. 언뜻 생각하면 왜 고지를 가지려고 저렇게 애쓸까 이해가 잘 안 간다. 왜 고지가 중요한가? 이유는 시야 때문이다. 고지를 차지하면 주변 지형이 한눈에 들어온다. 그것은 곧 그 일대를 전부 장악한 것을 의미한다.

고지에 오른 사람은 그 분야의 일들이 한눈에 보인다. 이것이 전문가의 능력이다. 30대의 공부 목표는 고지를 점령하는 것이 되어야 한다. 고지에 오를 때까지 지속적으로 성장하고 발전해야 한다.

기본기를 위해 배울 수 있는 모든 수단을 사용하라. 전문성을 획득할 때까지 30대인 당신 인생의 고삐를 바짝 당기고 계속 전진하라. 프로페셔널이 되면 40대 이후 인생은 희소성의 혜택을 마음껏 누리는 풍요의 시절이 펼쳐질 것이다.

7. 30대를 위한 전략적 독서법

30대의 독서는 전략적이어야 한다. 일로 바쁜 가운데 정독을 하느라고 지나치게 시간을 보낼 수 없기 때문이다. 기본적으로는 인문적인 소양에 더해서 전문 분야를 심화시킬 수 있는 독서를 해야 한다.

독서를 할 때는 극단적인 두 성향을 조심해야 한다.

먼저 인문고전 독서만을 강조하는 부류. 이런 파들은 심지어 베스트셀러와 출판된 지 1년이 안 된 책을 외면하기도 한다. 그런 책들은 너무 감각적이고 처세적이고 근시안적이라는 것이다. 그러면서 인문고전은 이미 많은 사람에게 검증 받은 책이라는 점을 내세운다. 인문고전 애호가들은 인문고전이 더 폭넓게 전파되면 오늘날의 범죄와 문제로부터 자유로울 것이라고 믿는다. 좋은 말이기는 하나 복잡한 세상을 지나치게 단순화시킨 주장이다.

다른 한쪽의 극단적인 성향은 인문고전 같은 책들은 읽지 말라는 부류다. 이런 파들은 현대인들에게 필요한 기술이나 기능을 향상시키는 데 인문고전은 무력해 거의 쓸모가 없다고 주장한다. 현실에서 부딪히는 문제에 적용할 수 없는 추상적이고 형이상학적인 주제들로 채워져 있는 인문고전을 읽느라 아까운 시간을 낭비할 필요가 없다는 것이다.

두 의견 모두 편식과 같은 얘기다. 고루 읽어야 한다. 이유는 다음과 같다.

필자 경우는 독서에 인문고전을 한 달에 한 권은 꼭 끼워 넣는다. 인문고전 독서는 생각보다 시간이 많이 걸린다. 찬찬히 정독을 해야 하기 때문이다. 소설이나 에세이처럼 한눈에 몇 줄씩 보기 같은 속독 스타일로 읽어서는 안 된다. 한 자 한 자, 한 줄 한 줄 주의를 기울여서 읽어야 한다.

가끔 이런 의구심이 든다. 톨스토이나 도스토예프스키가 온갖 역경을 다 경험하고 60세가 넘어서 쓴 책을 중고등학생들이 이해할 수 있을까? 아니, 대학생이나 20대, 30대가 된들 이해할 수 있을까? 설령 이해한다고 해도 빙산의 일각이다. 인생은 경험하고 살아 보지 않으면 절대로 알 수 없는 영역이 있기 때문이다.

그래서 내가 쓰는 방법이 '한 달에 한 권 인문고전 독서법'이다. 인문고전은 한정되어 있지만 한 달에 한 권씩 읽어도 어느 정도 섭렵하려면 10년은 걸린다. 전체적인 목록은 너무 방대하지 않게 잡는 것이 좋다. 인문고전은 한 번 읽어서는 내용을 다 숙지할 수 없기 때문에 반복적 독서가 필요한데 10년 정도에 끝낼 양이 좋다. 약 120권 정도면 웬만한 필독서들은 범주에 들어간다. 이 주기가 끝나면 다시 읽는 것이다.

20대 때의 느낌과 30대 때의 느낌이 다르다. 물론 30대 때의 느낌과 40대 때의 느낌도 다를 수밖에 없다. 젊은 날에는 보이지 않던 교훈들이 인생 경험이 쌓이면서 보이기 시작한다. 이런 식의 독서는 인문적인 소양을 쌓아 줄 뿐만 아니라 사람의 인격을 심화시켜 주는 중요한 역할을 한다.

필자는 《삼국지》를 여섯 번 읽었다. 만화가 아니라 정본으로 된 책들이었다. 번역자나 관점이 다른 여러 종류를 읽었다. 그러나 후회되는 것은 10대와 20대 시절에 읽은 이후엔 그 책을 잡지 못했다는 사실이다. 10대 시절부터 10년 주기로 반복해서 읽었다면 나에게 더 좋은 영향을 미쳤을 것이다. 이런 이유에 인문고전은 10년 주기 독서를 권장한다.

읽는 속도는 한 달에 한 권 정도로 제한하는 것이 좋다. 이것은 평생을 두고 해야 할 일이기 때문에 천천히 다가가는 것이 필요하다. 30대 때부터 인문고전 독서를 시작하기를 권한다.

뿐만 아니라 30대의 독서는 굉장히 실제적일 필요가 있다. 더 많은 시간을 실리적인 독서에 투자해야 한다. 오늘 당신이 살아가는 이 시대의 트렌드를 담고 있는 책을 읽어라. 여기에는 두 종류의 책이 포함된다.

하나는 현재 인기를 얻고 있는 베스트셀러다. 베스트셀러에는 당대를 살아가는 사람들의 심리적 욕구와 필요 그리고 위로와 해결책이 담겨 있다. 나아가 변화의 방향과 미래에 대한 예측을 담고 있다. 베스트셀러를 읽는 이유는 바로 이것을 포착하기 위해서다.

다른 하나는 전문 분야의 책 읽기다. 직업에 대한 넓고 깊은 지식을 얻는 데 필요하고 자신의 일과 관련해서도 도움이 된다. 전문 분야와 관련해 검증된 도서, 그리고 연장선상에서 새로운 이론과 경향을 담은 신간에 대해 늘 관심을 기울여야 한다.

'읽지 않는 자는 낭비하는 자'라는 말이 있다. 당신이 독서에 시간을 투자하지 않는다면 읽지 않은 시간만큼 낭비한 것이다. 독서를 통해 전문 지식을 습득하면 현장에서 범하는 실수를 상당히 줄일 수 있다. 그래서 30대의 독서는 실제적이어야 하고 전문적이어야 한다.

직업의 세계에서는 실제적인 것만 살아남는다. 40대 이후부터 전문성과 희소성을 겸비한 프로페셔널이 되려면 30대부터는 독서도 그에 맞춰져야 한다. 전문성을 높여 주고 극대화시켜 줄 수 있는 독서. 30대의 독서는 전문성과 희소성이라는 뚜렷한 목표 아래 전략적으로 행해져야 한다.

1) 밑줄 독서를 습관화하라.

재미로 읽는 책이라면 상관없지만 지식을 쌓고 전문성을 높이려면 반드시 밑줄을 그으며 읽는 게 좋다. 밑줄을 긋는 것은 지식을 저축하는 행위라고 할 수 있다.

강에 물이 흘러간다. 댐을 만들면 물이 고이고 필요할 때 다목적으로 사용할 수 있다. 독서를 하면서 밑줄을 그으면 책에 있는 지식이 내 안에 고이게 된다. 그렇게 고인 지식은 필요할 때 적절하게 사용할 수 있는 재료가 된다.

2) 반복해서 읽어라.

고전은 10년 주기 반복이다. 베스트셀러는 한 번만 읽어도 된다. 그러나 전문 서적은 지속적으로 반복해 읽어야 한다. 얼마나라고 묻는다면 그 책의 내용을 100% 숙지할 때까지라고 대답하겠다. 전문 서적은 몇 번 읽었다는 횟수가 중요하지 않다. 핵심은 내용을 숙지하고 어떤 상황에서도 기억해 낼 수 있을 만큼 지속적으로 읽어야 한다는 것이다.

3) 자신의 분야에 새로운 트렌드를 포함한 책이 나오면 반드시 읽

어라.

어떤 지식도 영원한 것은 없다. 현재의 이론을 뒤집거나 새로운 방향을 제시하는 이론이 등장하기 마련이다. 지금 상태에서 잘하고 있다고 안주해 새로운 경향을 놓쳐 버리는 잘못을 범하면 안 된다. 항상 관심을 가지고 자신의 분야에서 새로운 트렌드를 포함한 책들이 나오면 읽고 완전히 습득해야 한다.

문제는 현재만이 아니다. 트렌드를 따라가는 자가 아니라 트렌드를 선도하는 자가 되어야 한다. 그러기 위해서는 새로운 트렌드를 포함한 책을 놓치지 말아야 한다.

독서와 관련해 흔히 하는 말 중에 '저수지의 원리'라는 게 있다. 가뭄이 심한 저수지라면 물이 바짝 말라 있다. 이런 저수지에는 웬만큼 비가 와도 땅에 다 스며들어 물이 고이지 않는다. 그러나 계속해서 비가 내리고 상류에서 물이 유입되면 조금씩 물이 고이기 시작한다. 계속 물이 유입되면 종내에는 저수지 가득 물이 출렁이고 넘치게 된다.

독서도 이와 같다. 어떤 사람은 "나는 독서를 하는데 남는 것이 없어요."라고 말한다. 이유는 적게 읽어서 그렇다. 바닥이 가물었는데 몇 방울 비가 떨어진다고 해서 물이 고이겠는가? 드문드문 한 권씩 읽어서는 항상 바닥에 스며들어 나를 채울 만한 지식이 없을 것이다.

비결은 계속 읽는 것이다. 그러면 어느 순간 바닥이 채워지고 차올라 흘러넘치는 순간이 오는데 이때가 바로 독서가 실력이 되는 순간이다.

독서가 어렵다고 말하는 사람들을 위한 4가지 독서 노하우를 소개한다. 여기에 소개한 노하우는 독서를 자주 하지 않는 사람을 위한 것이다. 독서가 습관 된 사람이라면 이미 이 중에서 몇 가지를 실천하고 있을지도 모르겠다. 30대에는 실속 있는 독서를 가장 많이 해야 하기에 다음의 방법을 길잡이로 삼으면 좋겠다.

1) 무조건 사라.

읽고 싶은 책이 있는데 돈이 부족하다면 다른 데 쓸 돈을 아껴서 책을 선택하라. 수입에서 일정 액수는 도서 구입비로 사용하라. 필요한 책이라는 생각이 들면 무조건 구입하라. 다른 것은 두 번 생각하되 책은 즉시 구입하라. 밥 세 끼는 오늘 하루를 살게 하지만 세 끼 밥값으로 책을 구입하면 평생 먹을 밥값을 벌도록 만들어 준다.

2) 재미있는 책으로 시작하라.

독서에 익숙지 않은 사람이라면 재미있는 책으로 시작하는 것이 좋다. 인문고전은 독서가 충분히 훈련된 뒤에 잡고 처음엔 흥미를 끄는 책을 찾아 재미있게 읽자. 어느 정도 독서 습관이 몸에 배이면 전문 분야에 관한 책으로 들어가는 것이 좋다. 독서에도 준비운동이 필요하다.

3) 어디를 가든 항상 책을 들고 가라.

물론 읽을 때도 있고 읽지 못할 때도 있다. 시간이 잠깐밖에 없다면 책을 펼쳐서 밑줄을 그은 부분이라도 봐라. 주변이 시끄러워 독서가 불가능하다면 밑줄을 그은 짧은 문장이라도 반추하라. 어쩌면 그 한 문장이 책 전체의 요약이 될지도 모른다. 가방에 책을 넣고 다니는 건 매우 건설적인 습관이다. 요즘엔 휴대폰으로 전자책을 읽는 사람도 곧잘 볼 수 있다.

4) 독서 시간을 통째로 마련하라.

친구들과 술집에서 잡담하는 시간과 스마트폰을 만지작거리는 습관에서 당신의 시간을 구출하라. 그 시간을 독서에 투자하면 하루에 아무리 적어도 두 시간 이상은 책을 읽을 수 있다. 독서를 할 때는 스마트폰을 옆에 두지 마라. 전원을 꺼 버리든지 아주 멀리 치우고 독서에만 집중해야 한다.

하루 두 시간이면 한 달에 60시간이다. 1년이면 720시간이고 10년이면 7,200시간이다. 어마어마한 시간이다. 독서 시간을 최우선에 두고 통째로 구분된 시간을 마련해서 그 시간만큼은 독서에 몰두하라.

서울여대 장경철 교수는 왜 독서를 해야 하는가라는 질문에 “읽지 않으면 저주를 받기 때문이다.”라고 했다. 읽지 않으면 남들이 생각하는 것밖에 생각하지 못하고, 남들이 하는 일밖에 하지 못하고, 남들이 가는 길밖에 가지 못하는 저주를 받는다고 했다. 무슨 뜻인가? 성장이 멈추거나 더 뛰어난 사람으로 성장할 수 있는 기회를 박탈당하는 저주인 것이다.

성장이 멈추어 버린 30대, 이렇게 10년을 허송하면 당신의 40대 이후의 삶은 그만큼 초라해질 수밖에 없다. 반대로 30대의 10년을 독서에 몰두한다면 40대 이후 당신은 전문성과 희소성을 가진 프로페셔널이 되어 있을 것이다. 물론 당신의 가치도 천정부지로 올라갈 것이고.

8. 현장에서 배워야 단단해진다

프로페셔널로 성장하기 위해서는 수레의 두 바퀴처럼 균형을 이루어야 할 것이 있다. 하나는 전략적 독서를 통한 지식이고 다른 하나는 현장 경험이다. 지식이 아무리 중요하다 해도 현장 경험을 대신할 수는 없다. 현장에서만 배울 수 있는 것이 있다.

수영은 책으로 배울 수 없다. 직접 물에 뛰어들어야 한다. 뱃살이 다이어트 책을 읽는다고 빠지지는 않는다. 알맞게 통제된 식사와 함께 운동을 병행해야 한다. 천리 길을 가려면 필드에 나가 다리 힘을 키우고 보법을 가다듬어야지 워킹 책만 보아서는 백리 길도 버거울 것이다.

승패는 결국 현장에서 판가름난다. 전문가는 현장에서 실제적인 성과를 나타내는 사람이다. 현장의 강자가 되려면 현장에서 성과를 낸 사람에게 배워야 한다. 당신이 할 일은 전문가를 선택하고 그를 연구하고 배운 후 그의 어깨를 딛고 그를 넘어서는 것이다.

강의를 정말 못 하는 교수가 있었다. 그의 학문 세계는 깊고 지적이지만 강의는 지루하기 짝이 없었다. 그가 강의를 시작하면 학생들은 졸기 시작했다. 연구하는 능력은 있는데 말재주가 없었다.

교수는 자신의 강의에 문제를 느끼고 강의 잘하는 법에 대해 연구하기 시작했다. 강의법과 관련된 많은 책들을 연구하고 나중에는 '강의 잘하는 법'이라는 책을 냈다. 책은 좋은 평가를 받았다. 급기야 여러 곳으로부터 강의 잘하는 법에 대해 강연을 해달라는 요청을 받았다.

그런데 똑같은 일이 반복되었다. 교수가 강의를 시작하고 좀 시간이 지나자 청중들이 몸을 꼬았다. 지루함을 참지 못하고 하품을 하거나 조는 사람도 있었다. 강의 잘하는 법에 대해 강의하는데 듣는 사람들이 지루해 하다니. 어떻게 된 것일까?

그는 현장에서 쌓아야 할 강의 기술을 책으로만 연구하고 익혔기 때문이다. 강의는 내용 전달과 함께 청중들과의 하모니로 완성되는 말의 현장이다. 청중들의 반응에 대처하는 임기응변, 파도치듯 말을 조율하는 기술, 목소리 톤, 적절한 유머 등 현장에서 체득해야 할 것들이 많다. 강의 잘하는 법을 책으로 내고도 강의에 실패하고 있다면 현장이 없는 자의 비극을 단적으로 보여주는 예라고 할 수 있다.

도서관에서의 공부는 학창시절에 끝내야 한다. 30대의 공부는 현장에서 학습되고 몸으로 연습되어야 한다. 그래야 실력이 는다. 임상실험이라는 것이 있다. 의약품을 만들면 반드시 수백 번의 실험을 통해 검증을 받은 후 시판을 한다. 현장을 거치는 것이다. 그런 후에 질병을 퇴치하는 인류의 발명품이 되는 것이다.

나이 30이 넘어서도 학교만 기웃거리는 사람이 있다. 학교에 다니는 것을 문제 삼는 것이 아니라 현장에 뛰어들기가 무서워 학교에 남는 사람들을 말하는 것이다.

오해할까 싶어 한 가지 전제하고 갈 일이 있다. 정말 학자나 교수가 꿈이어서 학교에 남는 사람은 빼고 이야기를 이어가고자 한다. 학문에 뚜렷한 목표가 있는 것도 아니면서 학교에 남는 사람들이 의외로 많아서다.

이런 사람들은 대학을 졸업해도 취직을 두려워해 대학원에 진학한다. 대학원을 마치고 나면 박사 과정으로 넘어간다. 현장에 뛰어들기가 두려워서 계속 공부만 하는 것이다.

누군가 이런 사람을 일컬어 '학충'이라고 했다. 학교에 붙어서 사는 벌레라는 뜻이다. 밥만 먹고 일하지 않는 사람을 식충이라고 하듯이 학교만 기웃거리고 현장에 뛰어들지 않으니 학충이라는 것이다. 공부는 결국 사람의 성장을 위한 것이고, 마지막 단계에서는 현장을 통해 임상실험하고 단련 받아야 제대로 된 성과를 낼 수 있다.

30대 초반이라면 유학을 고민할 수도 있다. 그러나 기준은 한 가지다. 그 공부가 현장의 전문성을 높여 주는 것인가다. 공부를 위한 공부라면 포기하는 것이 좋다. 현장의 전문성을 높여 주는 공부라면 어떤 고생이 따르더라도 도전해 볼 만하다. 필드에서 축구 실력이 길러지고, 물속에서 수영 실력이 늘듯이 전문가는 현장에서 길러진다.

실력을 키우는 가장 좋은 공부는 현장에서 잔뼈가 굵는 것이다. 정말 뜻깊은 학위는 현장에서 성장하고 있는 사람이 더 높은 전문성을 위해 선택하는 길일 것이다. 현장에서 이루지 못한 성과가 학교에서 대체될 것으로 믿는다면 착각이다.

당신이 제품 개발 파트에서 일한다면 제품이 만들어지는 현장을 알아야 실력을 더 탄탄히 할 수 있다. 성공은 어느 다른 곳도 아닌 현장에서 이루어진다. 당신의 전문성을 키워줄 유일한 장소는 당신이 지금 일하고 있는 그 현장이다.

당신의 직업 현장에 전심(全心)을 바쳐라. 이는 모든 마음을 쏟는 것을 뜻한다. 마음이 갈라지지 않고, 이것 할까 저것 할까 고민하지 않고 모든 열정과 에너지를 한 곳에 쏟아 부을 때 폭발적 에너지가 발휘된다. 30대 10년은 현장의 시간이다.

이외수가 쓴 소설《벽오금학도》는 1992년에 출간된 이래 지금까지 팔리는 베스트셀러다. 그 속에 나오는 아버지와 아들의 이야기가 있다. 아버지는 징을 만드는 사람이었다. 가업으로 물려받은 징 만드는 기술을 평생 직업으로 삼고 있다. 징을 만들기 위해서 목욕재계하고 온갖 정성을 기울여서 한 달에 겨우 징 하나를 완성하는 삶이다. 최고의 징을 만들겠다는 장인의 마음으로 징을 만들지만 현대 사회에서 징이 잘 팔릴 리가 없어 생활은 늘 가난했다.

아들은 이런 아버지가 싫어서 가출했다가 고아원에 들어가게 되는데 그곳에서 독일의 어느 가정으로 입양을 갔다. 좋은 양부모 밑에서 자라며 바이올린 공부를 하게 된 아들은 유수의 콩쿠르에서 대상을 받았다. 세월이 더 지나 양부모가 모두 죽은 후 아들은 한국에 돌아와 아버지 집을 찾았다.

하찮은 징보다 자신의 바이올린이 얼마나 뛰어난지에 대해 자랑을 늘어놓는 아들의 말을 듣던 아버지는 뒷산의 폭포로 가서 서로의 소리를 비교해 보자고 했다. 계곡에 이르자 천지를 뒤흔드는 폭포 소리가 들렸다. 아들은 연주를 하기 위해 음을 맞추었지만 시끄러운 폭포 소리 때문에 제대로 음을 잡을 수 없었다.

간신히 음을 조율하고 연주를 하는데 폭포 소리에 묻혀 하나도 들리지 않을 뿐 아니라 연주의 감정도 전혀 살아나지 않았다. 연주하는 내내 등에서 식은땀이 흘렀다. 간신히 연주를 마치자 이어서 아버지가 일어났다. 폭포를 향해 세 번 절을 하고 징과 채를 들고는 첫 번째 징을 울렸다. 소설 속의 장면을 그대로 옮겨 본다.

'첫 번째 징 소리가 울리자 일순 폭포 소리가 뚝 끊어지는 듯한 느낌을 불러일으키면서 징 소리만 온 산을 가득 채운 듯한 느낌이었습니다. 사물이 생기를 되찾기 시작했습니다. 징 소리는 오래도록 여운을 남기며 아주 미세한 사물들의 영혼 속에까지 파고들어 가는 느낌이었습니다. 잠시 후 징 소리가 점차 사그라들면서 폭포 소리가 다시 살아났습니다. 그때였습니다. 두 번째 징이 울렸습니다. 그때 저는 분명히 들었습니다. 산속에 있는 모든 사물들이 징 소리와 화음을 이루어 일제히 공명하는 소리를. 삼라만상이 모두 영혼의 깊은 잠에서 깨어나 징 소리를 따라 울고 있었습니다.'

그때 비로소 아들은 아버지가 얼마나 위대한 존재인지 깨닫게 되었다. 애초에 음의 크기에서 차이가 나는 징과 바이올린의 비교가 부적절하다는 것을 아들이 몰랐을까. 그 보다는 바이올린을 통해 연주 예술의 가치를 경험한 아들은 아버지이기 전에 최고 장인이 만든 징이 내는 소리의 경지를 새삼 알게 되었을 것이다. 아들은 아버지 앞에 무릎을 꿇었다.

소설 속의 이야기를 장황하게 옮겨 쓴 이유는 딱 하나다. 진짜 현장의 전문가가 되어야 한다는 것이다. 폭포 소리조차 품어 버리는 아버지의 징 소리 같은 진짜 전문가 말이다. 아버지의 징은 현장에서 공연되고 실험되는 과정을 통해 최고의 징으로 거듭난 것이다.

외적 조건의 유불리는 누구에게나 있다. 불평한다고 불리함이 사라진다면 백 번이라고 그렇게 하겠지만 소용없는 짓이다. 그렇다면 방법은 하나뿐, 외적 조건을 관통할 수 있을 만한 현장의 승리자가 되는 것이다.

어떻게? 현장에 올인 하라! 현장이 없는 공부는 시간 낭비, 돈 낭비다. 공부하되 현장의 전문성을 더하기 위해 공부하라. 지성과 현장을 겸비하면 진짜 무서운 사람이 된다.

현장에서 성과를 나타내라. 30대의 10년 동안 현장에서 잔뼈가 굵고, 현장에서 배우며, 현장에서 전문성을 키워야 한다. 30대의 시간은 현장의 시간이다.

9. 최선을 다한 실패는 자양이 된다

무슨 일을 하든지 성공하려면 두 가지가 필요하다. 열정과 전문성이다. 시작하게 하는 힘은 열정이다. 결과를 산출하는 힘은 전문성이다. 30대는 열정은 있지만 전문성이 없다. 그래서 대단한 포부를 가지고 있어도 실패를 맛본다.

그렇지만 30대 시절의 실패는 인생에 큰 도움이 되기도 하는데 실패를 통해 자신의 현주소를 직시할 수 있기 때문이다. 세상은 실력이 아니면 살아남을 수 없는 냉혹한 현실이라는 것을 배운다.

그러니 열정은 가득하지만 아직 전문성이 부족한 30대라면 실패를 자연스럽게 받아들이는 것이 좋다. 세상 끝난 것처럼 한숨

쉴 필요도 없다. 어쩌면 30대에 겪은 실패 때문에 당신의 남은 인생이 더 견고해지고 비상하는 계기가 될 수 있다.

열정은 시작하게 하는 힘이다. 그러나 열정으로 시작했다고 해서 열정이 끝까지 지속되는 것은 아니다. 열정은 어느 순간이 되면 사그라진다. 그런데 어떤 부류의 사람들은 사그라지지 않는 열정으로 일한다. 비결이 뭘까?

그들에게는 열정을 지속시켜 주는 전문성이 있기 때문이다. 완전한 고지는 아니라 해도 조금씩 성장하는 전문성과 중간중간 도출되는 작은 성과들이 열정에 에너지를 불어넣어 준다.

우주선에 비유하면 열정은 우주선을 지상에서 박차 오르게 하는 엄청난 추진력이다. 그리고 전문성은 우주선을 날게 하는 수십 만 개 부품의 조합이라고 할 수 있다. 그 모든 것들이 조직적으로 작동해서 우주선을 목적지에 도달하게 만들어 준다.

1986년 1월 18일, 케네디 우주센터에서 발사된 챌린저호는 불을 뿜으며 힘차게 날아올랐다. 그러나 정확하게 73초 뒤에 공중에서 폭발하고 말았다. 그때 TV 생중계로 그 장면을 생생하게 보았다. 상상하지 못한 일이 벌어졌다. 원인을 살피던 미국우주항공국(NASA)은 부품의 결함 때문이었다는 것을 알아냈다. 전문성의 부족 때문이었다. 전문성이 결여되었을 때 당하는 실패가 얼마나 참혹한지를 새삼 일깨워 준 사건이었다.

열정은 시작하게 만들기에 의미를 띠고, 전문성은 목적지에 이르게 하기에 가치가 있다. 열정뿐인 인생이라면 얼마 지속하지 못할 뿐더러 멀리 가지 못해 사고가 나고 만다.

그러나 역설적이게도 아직 30대라면 이런 실패를 한 번쯤 경험해 보는 것도 유익하다고 말하고 싶다. 30대에 겪는 실패는 올바로 대처하기만 하면 굉장한 자산이 된다. 실패는 실패 이상의 교훈을 주기 때문이다.

물론 실패의 가치를 아무리 강조한다 해도 쓰라린 고통인 것은 부인할 수 없다. 심리적인 것을 뛰어넘어 손실도 끼친다. 경제적인 피해, 가정의 어려움, 직장에서의 퇴출 같은 실질적인 고통이 따른다.

그럼에도 불구하고 실패의 가치를 찾는다면 남아 있는 세월 중에 30대는 가장 젊은 시절이 아닌가? 기왕의 실패라면 좀 더 젊을 때가 좋고, 그 고통이 실질적인 만큼 20대에는 경험할 수 없던 값진 교훈을 얻을 수 있다.

40대 이후에 실패하지 않기 위해서라도 30대의 실패는 한 번쯤 필요한 경험이다. 40대 이후에 겪는 실패는 그 충격파가 30대 때와는 전혀 다르기 때문에 재기하기가 정말 어렵다. 특히 30대 시절에 전문성을 쌓는 것을 게을리 했다면 재기가 불가능하다. 주변에는 40대에 실패를 겪고도 재기에 성공한 사람이 물론 있다. 그러나 그들이 재기할 수 있었다면 30대에 쌓은 전문성이 뒷

받침되었기 때문일 것이다.

30대에 실패를 경험했다면 실패가 가르쳐주는 교훈을 마음에 새기는 것도 도움이 될 것이다. 아래에 소개한 인생의 진리들은 실패를 통해 더 깊고 생생하게 배울 수 있다. 실패는 고통스럽지만 유익함 또한 적지 않다.

1) 세상은 실력을 요구한다.

실패를 통해 뼈저리게 알게 되는 첫 번째 교훈이다. 세상은 적당한 속임수로 이길 수 없다. 어떤 분야든 세상은 그 일에 상응하는 실력을 요구한다. 세상이 요구하는 실력을 가지지 못하면 어느 곳에서도 나를 위해 손을 내미는 사람이 없다. 실패를 통해 진지한 성찰을 한 사람이라면 실패의 원인이 세상이 아니라 나의 실력에 있다는 것을 인정하게 된다.

2) 열정만으로는 부족하다.

열정은 시작하게 해줄 뿐이라고 했다. 어떤 일을 지속하게 하고 성과를 이끌어 내는 것은 전문성이다. 일을 하다 보면 열정의 한계점에 이를 때가 있다. 이때 열정에 지속적인 에너지를 공급해 주는 것이 성과다.

열정은 시작하게 하고, 전문성은 성과를 만들어 내고, 성과는 다시 열정에 지속적인 에너지를 공급한다. 이런 선순환이 있을 때 열정은 전문성으로 발전하게 된다.

3) 실패는 아직 젊을 때 끝내라.

실패가 아무것도 아니라고 말한다면 실패해 보지 않은 사람이다. 실패는 재정적으로, 정신적으로 인생을 산산조각내 버린다. 그러기에 30대에 실패를 끝내라고 조언하는 것이다. 30대라면 아직 시간도 있고, 젊음도 있고, 열정도 있다.

비록 실패가 혹독한 것이긴 하지만 피하지 말고 정면승부를 하면 실패는 인생의 전리품이 된다. 실패를 통해 자신의 현주소를 발견하고 보완하게 만들어 준다. 실패는 당신을 성장시키는 좋은 자양분이 된다.

4) 인생은 연습이 없다.

한 번의 실패로 10년 세월이 훌쩍 가 버린다. 이런 실패를 두 번 만난다면 20년 세월이 흘러 버린다. 아마추어 인생으로 엄벙덤벙 실패를 연습 삼아 살다가는 아무것도 못해 보고 인생을 끝내야 한다.

30대의 실패는 이것을 미리 가르쳐 주는 것이다. 그러므로 실패한 자는 실패의 무서움을 알고 세월을 아끼게 된다. 인생이 길지 않음을 배우고 최대한 시간을 아껴 자신의 전문성을 높이기 위해 전력투구해야 한다.

5) 실패했을 땐 인맥이 필요하다.

위기에 처하면 누구든 도움이 절실할 것이다. 평소에 좋은 인맥을 맺어 놓으면 실패의 시간에 도움을 얻을 수 있다. 좋은 인간관계를 위해서는 두 가지가 필요하다. 하나는 진심으로 상대방에게 도움을 베푸는 것이고, 또 하나는 당신의 능력을 보여주는 것이다.

이기적인 사람이나 무능한 사람은 인간관계에 실패한다. 누구라 할 것 없이 사람들은 이기적인 사람을 싫어한다. 무능한 사람과 사귀는 것도 싫어한다. 진정한 인간관계에 필요한 요소를 알고 미리 인적 네트워크를 잘 구축해 놓으면 실패했을 때 큰 도움을 얻을 수 있다.

'부자는 돈 버는 법을 알고 명장은 이기는 법을 안다.'라는 말이 있다. 실패를 잘 극복하려면 어떡해야 할까. 실패의 종류는 다르지만 재기하려면 새겨야 할 공통점이 있다. 실패했을 때 자신의 부족함을 솔직하게 평가하라는 것이다.

불운을 탓하거나 변명만 해서는 답이 없다. 실패의 이유를 냉정하게 분석하고 부족한 부분을 채우는 것이 중요하지 않을까. 그러므로 실패는 되돌아가서 다시 배우는 시간이라고 할 수 있다.

실패는 공부를 위한 기회다. 실패를 핑계로 공부를 멈춰 버리면 그 순간 인생도 함께 멈추어 버린다. 실패한 자리에서 실력을 키워라. 꾸준히 실력을 키우면 실패를 이기고 더 나은 사람으로 성장한다.

로버트 슐러(1926~2015, 목사, 베스트셀러 작가)는 "실패는 우리를 그 자리에 두고 떠나는 법이 없다."라고 했다. 실패는 어떤 식으로든 우리에게 영향을 끼친다. 한 사람의 인생을 파멸시킬 수도 있고, 한 사람의 인생을 더 나은 자리로 성장시킬 수도 있다.

30대는 실패를 통해 배우기에 가장 좋은 때다. 왜냐하면 어느 정도의 경험을 통해 그 분야를 알고 있어 무엇이 문제였는지 분석이 가능할 나이이기 때문이다. 30대에 과감하게 도전하고 실패를 경험하라. 실패는 당신을 더 단단하고 전문적이고, 더 깊은 사람으로 성장시켜 줄 것이다. 당신이 실패에 올바르게 반응하기만 한다면 말이다.

10. 30대에 처음 경험하는 리더십

리더십을 이르는 명제로 '리더가 모든 것이다.'라는 말이 있다. 이와 비견할 만한 명제로 '모든 것은 리더의 책임이다.'라는 말도 있다. 누구든지 리더의 자리에 오르려는 사람은 이 명제를 기억해야 한다. 책임을 회피하는 사람, 책임을 타인에게 전가하는 사람은 리더가 될 수 없다. 리더는 비전을 제시하고, 팀원을 통합하며, 목표를 성취하는 자다.

리더십의 중요성을 가리키는 이런 말도 있다.

'양이 이끄는 사자 부대보다 사자가 이끄는 양 부대가 승리한다.'

사자 같은 리더는 양을 사자로 만들기 때문이다. 양 같은 리더

밑에서는 사자도 얼마 가지 않아서 양이 되어 버린다. 유능한 리더는 팀원을 유능하게 만들어 준다. 함께 과업을 성취한다. 이것이 리더십이다.

30대가 되면 처음 실감하는 단어가 생기는데 '리더'가 그것이다. 귀로 처음 듣는다는 것이 아니라 그런 자리에 올라 현실적으로 인식되는 것이 처음이라는 의미다.

20대는 사회 초년병으로 아직 팔로워인 입장이었다. 30대가 되면 한두 사람씩 리더의 자리로 올라간다. 40대 이후가 되면 본격적으로 리더의 자리에 서게 된다. 30대는 본격적으로 리더의 자리에 서기 전에 리더십을 배우는 시기다. 리더가 되어서야 리더십을 배우는 것은 너무 늦다. 리더십은 미리 준비해야 한다.

사람들은 일반적으로 관리자를 리더로 오해한다. 관리자와 리더는 엄연히 다르다. 관리자는 권한으로 사람을 움직이고 리더는 비전으로 사람을 움직인다. 관리자는 통제하고 다스리지만 리더는 열정을 불어넣고 성취하게 만든다.

관리자는 방향을 유지할 수는 있지만 바꾸지는 못한다. 리더는 방향을 바꾸는 사람이다. 관리자는 사람을 가르칠 수 있지만 영향력을 끼치고 변화시키지는 못한다. 리더는 영향을 끼쳐 사람을 변화시킨다. 종합하면 개인이나 팀에 지속적으로 열정을 불어넣고 방향을 바꾸고 성취하게 하는 사람을 우리는 리더라고 부른다.

리더십에서 가장 중요한 부분은 자신의 비전을 팀의 비전과 일치시키는 것이다. 개인적으로 훌륭한 비전을 가지고 있다 하더라도 팀과 비전을 일치시키지 못하면 내적 갈등과 팀과의 불협화음으로 끊임없이 시끄러운 문제들이 발생한다.

당신의 비전은 무엇인가? 팀의 비전은 무엇인가? 이것을 분명히 알아야 한다.

당신은 마음이 원하는 것을 따라 목표를 정했다. 그것을 따라 직장을 선택하고 지금의 직무에 종사하고 있다. 그렇다면 개인의 비전과 팀의 비전이 다르지 않을 것이다. 만약 이것이 완전히 다르다면 그 자리는 당신의 자리가 아니다.

리더의 자리에서 개인적 과업을 우선하는 것은 옳지 않다. 비록 열심히 일해서 리더의 자리에 올랐다 하더라도 내적 갈등이 있고 팀원 간의 불협화음이 계속된다면 지금의 자리를 재고해 보는 것이 좋다. 장기적으로 봤을 때 그리 긍정적인 미래를 예측하기는 어렵다.

그러므로 이 두 가지 질문에 분명한 대답이 있어야 한다. 당신의 비전은 무엇인가? 당신의 비전과 팀의 비전은 일치하는가? 이 질문에 긍정적인 대답을 할 때 당신 개인의 성공뿐 아니라 팀이 목표로 하는 과업의 성취라는 두 날개를 모두 달고 날아오르게 된다.

최악의 리더는 비전이 없는 리더다. 비전 없는 리더가 조직을 이끌면 조직 전체가 실패한다. 그런 리더는 팀을 무능하고 혼란스럽게 만든다. 또, 팀원 전체의 사기를 저하시킨다.

비전이 없는 자가 리더가 되면 팀은 방향을 잃고 표류하게 된다. 그런 리더는 자신의 이익에만 몰두한다. 비전이 없기 때문에 현재의 이익에 집착하는 것이다. 자신에게 돌아오는 작은 이익 때문에 팀 전체에 손해를 끼친다.

비전 없는 리더는 개인적인 업적 올리기에 혈안이 된다. 팀원의 성과를 자신의 것으로 둔갑시킨다. 비전 없는 리더는 조직을 죽인다. 비전이 없기 때문에 내일이 없다. 내일이 없으므로 오늘 작은 이익에 집착한다. 이런 사람이 리더가 되면 팀은 고사한다.

뛰어난 리더는 팀을 통해 성취한다. 자신의 업적이 아니라 공동의 성취를 목표로 한다. 과업의 성취와 관계된 일이라면 항상 팀과 함께한다. 좋은 리더는 팀원의 능력 극대화에 관심이 많고 그런 부분에 에너지를 투자한다.

여기 홀로 일할 때 높은 성과를 내는 사람이 있다고 하자. 그리고 그 성과를 인정받아서 리더가 되었다. 리더가 되더니 더 열심히 일해서 이전보다 두 배의 실적을 올렸다. 자, 이제 그 사람이 당신이라고 가정해 보자.

당신은 매장에서 판매 실적이 제일 높은 사원이다. 다른 직원은 일주일에 한 대 파는 대형 냉장고를 당신은 평균 두 대를 팔고 있다. 능력을 인정받아 매장의 리더로 임명되었다. 당신은 더 열심히 일해서 실적을 두 배나 올려 일주일에 냉장고를 네 대 팔았다. 그런데 당신의 팀원은 여전히 그대로다. 당신은 유능한 리더인가? 유감스럽게도 정답은 이것이다. 당신은 유능한 사원일지는 몰라도 아직 유능한 리더는 되지 못했다.

그렇다면 이제부터 어떻게 할 것인가? 당신이 리더가 되었으니 개인적으로 두 배 열심히 노력해서 두 배의 성과를 내면 될까? 사람들이 여기서 오해를 한다. 리더가 되었으니 두 배로 열심히 일해서 실적을 올리려고 한다. 그러나 이것은 리더십이 아니다. 뛰어난 리더는 자신의 실적을 위해서만 일하지 않는다. 유능한 리더는 자신이 직접 성과를 내기보다는 팀원들이 성과를 내도록 장려한다.

자신이 팀원이었을 때 한 주에 냉장고 두 대를 팔았다면 리더가 된 당신은 팀원들 모두가 각자 한 주에 냉장고 두 대를 팔 수 있도록 팀원을 유능하게 만드는 사람이 되어야 한다. 그렇게 해서 10명의 팀원이 냉장고 20대를 팔 수 있게 하는 능력! 이것이 리더십이다.

리더는 팀원을 통해 성과를 올린다. 유능한 리더가 되고 싶다면 직접 성과를 내고 싶은 욕구를 억제하고 팀원들로 하여금 성과를 내도록 만들어야 한다. 이 자질이야말로 리더가 배워야 할 최고의 유능함이다.

리더는 자신의 노하우를 전수하는 것을 아껴서는 안 된다. 무능한 리더는 자신의 것을 감추려고 한다. 그러나 유능한 리더는 팀원을 키우기 위해 자신의 노하우를 전수하는 데 거리낌이 없다. 우물물을 퍼낸다고 우물이 마르는 것이 아니다. 오히려 우물물이 아까워 덮어 놓으면 그 물은 썩어 버린다.

팀 전체를 생각하고 당신이 몸담고 있는 회사의 큰 숲을 바라보라. 리더는 숲을 보는 자다. 당신은 그 큰 숲에서 계속 성장해야 한다.

리더는 중요한 것이 무엇인지 아는 사람이다. 가장 핵심적인 것을 위해 다른 것을 의도적으로 무시할 줄 안다. 작은 것에 집착하다 보면 팀 전체의 목표를 잃어버린다. 어떤 리더는 너무 세밀한 것에 집착하다가 정작 팀이 나아갈 목표를 상실해 버린다. 비전과 상관없는 작은 일들은 과감하게 포기하거나 차선, 차차선으로 미루어라.

연주력이 뛰어난 한 젊은 바이올린 연주자에게 성공 비결이 무엇이냐고 질문했다. 그는 이렇게 대답했다.

"의도적으로 무시하는 것입니다."

그게 무슨 말이냐고 되물었더니 그의 대답은 이렇다.

"아침에 식사하고 침대를 정리하고 방을 깨끗하게 청소하고 마루에 있는 먼지를 털어 냈습니다. 매일 내가 할 수 있는 것들을 다 하려고 했습니다. 그러자 바이올린을 연습할 시간이 부족했습니다. 그래서 생각을 바꿨습니다. 연습이 끝날 때까지 다른 모든 일을 의도적으로 무시하기로 말입니다. 그게 바이올린에 더 집중할 수 있는 방법이었으니까요. 그리고 그것이 나를 성공할 수 있도록 해 주었습니다."

리더십은 팀의 성과와 상관없는 일들을 무시할 줄도 알아야 하는 것이다. 행동의 핵심을 항상 팀의 비전에 두라. 비전 중심으로 판단하고 결정하고 비전 중심으로 행동하는 것이다. 유능한 리더는 팀의 비전과 관계없는 것은 과감하게 포기할 줄 아는 선택과 포기의 지혜를 가진 사람이다.

이 장을 시작하면서 리더가 모든 것이라고 했다. 유능한 리더는 열악한 환경을 극복하고 비전을 전수해 팀을 하나로 통합한다. 하나의 비전 아래 통합된 팀은 과업 성취라는 열매를 맺는다. 이 모두가 리더의 역할이다. 팀원을 비난하고 저조한 성과를 팀원에게 전가시키고 책임을 회피하는 리더는 무능한 리더다.

모든 책임은 리더에게 있다. 팀원을 비난하는 나쁜 버릇을 버려라. 이것은 그들을 책망하지 말라는 말이 아니다. 반복되는 실수와 게으른 태도에 대해서는 분명하게 지적하고 그것에 대한 대가를 경고해야 한다. 가르치고, 책망하고, 경고하는 것은 나쁜 것이 아니다. 그러나 최소한이 좋다. 그렇게 하기 전에 리더는 수없이 자신을 돌아보아야 한다. 팀원을 탓하기 전에 자신의 리더십을 점검해야 한다.

리더는 겸손해야 한다. 내가 리더이기 때문에 내 판단이 옳다는 생각은 금물이다. 30대의 리더십은 아직 여물지 않았다. 30대는 리더십을 발휘할 때가 아니라 리더십을 배울 시기다. 성공한 리더를 관찰하고, 그들의 리더십을 배워라. 리더십의 중요성을 인식하고 더 나은 리더가 되도록 자신을 성장시켜라. 조직은 리더만큼 성장하고 리더십만큼 성과가 나타난다.

그렇다면 리더십은 훈련이 가능한가? 물론 그렇다. 리더십 분야의 세계적인 대가인 존 맥스웰(1947~ , 리더십 컨설팅그룹 Injoy 설립자, Maximum Impact 대표)이 이런 말을 했다.

"모든 사람이 태어나듯 리더십도 태어나는 것이다."

그렇다. 모든 사람이 공평한 생명을 가지고 태어나듯이 리더십도 공평하게 가지고 태어난다. 단지 누군가는 훈련을 했고 누군가는 훈련을 하지 않은 차이뿐이다.

아래에 소개하는 7가지는 유능한 리더로 성장하기 위한 훈련이다. 소개가 간략하지만 하나씩 실천해 가면 당신이 유능한 리더로 자랄 뿐 아니라 탁월한 리더십을 훈련하는 값진 30대를 보내게 될 것임을 의심하지 않는다.

1) 성품도 단련될 수 있다.

유능한 리더십은 성품에서 시작된다. 인격이 없으면 리더십은 파산한다. 독단과 이기심과 다른 사람을 이용해서 자신이 성공하고자 하는 욕망밖에 없는 리더는 실패자다. 리더의 성품에 감동을 받은 팔로워들이 많을수록 리더십은 더 확고해진다.

성품은 타고나는 것으로 알지만 오해다. 좋은 성품으로 존경받는 사람들을 탐구하고 내 것으로 학습하고 스스로 마음을 단련해 가노라면 얼마든지 바뀔 수 있는 것이 성품이다.

2) 관계를 구축하라.

리더가 되는 유일한 자격은 팔로워가 있을 때다. 팔로워가 없으면 리더도 없다. 부하 직원이라고 팔로워인 것은 아니다. 팔로워는 리더를 따르는 자다. 팔로워와 관계가 깊을수록 리더십의 영향력은 커진다.

팔로워들에게 당신의 업무적인 능력과 함께 당신의 인간적인 면모를 보여주라. 팔로워들이 비전을 위해 소모되고 있다는 생각이 들지 않도록 그들의 가치를 존중해 주고 인정해 줘야 한다. 그래야 진심으로 당신을 따른다.

3) 지식을 축적하라.

리더는 지식에서 앞선 자여야 한다. 업무 수행을 위한 충분한 지식이 있어야 한다. 그것이 리더의 여러 자질 중에서 한 부분이라 해도 지식 없이는 리더가 되지 못한다. 리더가 되기 원한다면 모든 방법을 동원하여 전문 지식을 축적하고 현장에서 전문성을 키워라. 학위 과정에 등록하는 것도 좋다. 리더는 지식에서 앞선 자여야 하기 때문이다.

4) 직관력을 키워라.

리더는 눈에 보이지 않는 무형의 많은 요소들을 볼 수 있어야 한다. 탁월한 리더에게는 논리적으로 설명되지 않는 직관력이 있다. 한눈에 척 보고 파악하는 직관력이 있다. 직관력을 키우기 위해서는 사물을 관심 있게 보고, 판단하는 연습을 부단하게 해야 한다.

무엇보다 전문성이 중요하다. 나는 앞에서 이것을 '고지의 법칙'이라고 했다. 고지를 점령하면 주변이 전부 보이듯이 전문가에게는 이런 직관력이 있다. 유능한 리더십은 특별한 상황을 만날 때 이런 직관력과 일치되어 엄청난 폭발력을 나타내기도 한다.

5) 과감하게 실행하라.

배가 항구에만 있으면 안전하기는 하지만 어떤 목적지에도 도착하지 못한다. 배는 항해를 위해 만들어졌지 항구에 정박하라고 만들어진 것이 아니다. 비록 거친 파도를 만나지만 후퇴하지 않고 목적지를 향해 전진한다.

리더란 과감하게 실행하는 자다. 리더는 안전한 자리에만 머물지 않는다. 과정에 직면하는 어려움과 장애물을 극복하고 성과를 이루어 내는 자다. 실패를 두려워하지 마라. 가장 무서운 실패는 실패가 두려워서 아무것도 하지 않는 것이다. 아무것도 하지 않으면 당신 자신이 얼마나 유능한 리더인지 확인할 기회를 잃어버린다.

6) 성공한 경험을 가져라.

성취의 경험이 유능한 리더를 만든다. 아무런 성공의 경력도 없는 상태에서 팔로워들을 이끈다는 것은 어렵다. 성공 경험을 팔로워들에게 보여줄 수 있다면 당신의 영향력은 강력해진다. 그리고 과업의 성취는 팔로워들에게 더 큰 영향력을 발휘할 수 있는 더 많은 리더십의 기회를 부여해 준다. 작더라도 성공의 경험을 가져라. 그리고 성공 경험을 통해 당신의 팔로워들을 성공으로 이끌어라.

7) 여유를 가져라.

아인슈타인은 자신의 성공 비결을 묻는 사람에게 이렇게 대답했다.

"열심히 일하십시오. 그리고 여유를 즐기십시오."

옳은 말이다. 계속 긴장하기만 하면 얼마 안 가 번아웃(burnout) 되어 버린다. 일이 막혔는가? 막다른 골목에 다다랐는가? 조급해하지 말고, 팀원들을 다그치지 말고, 느긋하게 여유를 가지고 상황을 관조하라. 한 발 뒤로 물러서는 여유가 필요하다.

여유를 가지면 머리가 맑아진다. 아이디어가 반짝반짝 떠오른다. 생각지 못했던 해결책이 보인다. 리더가 번아웃되면 팀이 무너진다. 유능한 리더십을 계속 발휘하려면 여유를 즐기는 심리적인 기술 정도는 익히고 있어야 한다.

30대는 리더십을 준비하는 시기다. 30대 10년을 리더십을 훈련하는 시간으로 보낸다면 40대 이후가 되었을 때 유능한 리더십을 가진 리더로 우뚝 설 것이다.

리더의 힘은 리더십이다. 리더십은 리더가 가진 능력이다. 리더가 가진 능력은 리더가 성취한 결과물이다. 리더가 성취한 결과물은 리더의 전문성에서 나온 산물이다. 리더의 전문성은 30대 10년을 어떻게 보내느냐로 결정된다.

리더는 어느 날 불쑥 태어나지 않는다. 오랜 훈련과 현장 경험 끝에 드러난다. 40대에 사람들 앞에서 당당한 리더로 드러나려면 30대에 리더십을 훈련해야 한다. 준비된 리더는 그 자리에 올랐을 때 팔로워들에게 막강한 영향력을 미칠 뿐 아니라 조직의 비전을 훌륭하게 성취해 내는 탁월한 리더십을 발휘한다.

세 번째 이야기 – 행복을 위한 깊이

11. 경청과 겸손에 대해

12. 품격 있는 말이 주는 효과

13. 비워야 채워진다

14. 재정적으로 자립하라

15. 가정을 관리하는 법

"

행복은

인간의 궁극적인 목표다.

성공이 아니라 행복이 목표다. 종착역은

행복이어야 한다. 행복은 추구한다고 오는 것이

아니다. 그보다는 행복의 조건이 형성될 때

자연스럽게 맺히는 열매다. 행복하기 원한다면

행복을 쫓지 말고 행복의 조건을

충족시켜라.

"

11. 경청과 겸손에 대해

아름다운 정원을 가꾸려면 눈에 보이는 것만이 아니라 수분과 거름, 병충해 예방 등 조건 충족이 먼저일 것이다. 행복의 조건 중에 중요한 씨줄과 날줄은 경청과 겸손이다. 두 가지는 늘 함께 동반되는 덕목이다.

좋은 인간관계를 위해서 경청은 필수다. 경청은 누구나 할 수 있는 것이 아니다. 겸손한 사람만이 할 수 있다. 대부분의 사람들은 남의 말을 잘 듣지 않는다. 들으면서도 자신이 할 말을 생각한다. 그러니 상대방 말에 대한 진지한 대답이 안 되어 대화가 겉돈다.

사람들은 자기 말을 들어줄 사람을 찾는다. 상담자에게 비용을 지불하면서까지 자신의 사정을 이야기하는 상황이 괜한 것이 아니다. 그만큼 자신의 이야기를 들어줄 사람을 간절히 구하고 있다는 의미다. 사람들은 자기 이야기를 하고 싶어 안달을 한다. 이런 때에 당신이 경청의 기술을 익힌다면 인간관계는 훨씬 풍성해진다.

경청의 기술을 익히려면 먼저 마음의 그릇을 키워야 한다. 사회생활을 하면 자신이 원하는 사람만 만나는 것이 아니다. 원하지 않는 사람도 만나야 하고, 그들의 이야기도 들어야 한다. 때로는 동의가 안 되는 이야기에도 고개를 끄덕여야 한다.

그러나 그것이 꼭 나쁜 것만은 아니다. 동의할 수 없는 의견이라도 꿀꺽 삼켜 놓으면 시간이 지나고 나서 그만큼 자신의 커진 모습을 발견하게 된다. 자신과 같은 의견만 들으면 마음이 자라지 않는다.

30대는 변화의 시기다. 성공을 위한 성장의 시기다. 자신의 의견만 고집하면 사람이 좁아진다. 세상이 요구하는 사람으로 변하려면 그릇을 키워야 한다. 멋진 몸을 만들기 위해 무거운 기구를 들고 중력과 힘겨운 싸움을 하지 않는가? 고통스러운 싸움이 없으면 멋진 몸이 만들어지지 않는다.

마음의 그릇을 키우는 것도 단련이 필요하다. 다른 의견을 수용하는 것은 꽤 고통스러운 일이다. 그러한 수고를 마다하지 않고 지속적으로 행하면 마음의 그릇이 커진다. 심기가 약한 사람들은 이런 고통이 싫어서 다른 의견에 눈을 감고 배척해 버린다.

어린이들은 어른에 비해 수용성이 월등하게 높다. 항상 새롭고 신기한 것에 주목한다. 아무리 새로운 것이라도 당장 받아들이고 자연스럽게 소화한다. 아직 비판과 배척성보다 수용성이 크기 때문이다. 그래서 의식의 성장도 빠르다. 문제는 성인이 되면서부터다.

세계관이 굳어져서 조금만 다른 의견이 들려도 당장 비판하고 싸울 기세를 취하는 위험한 상황에서 당신 자신을 구출하라. 당신은 아직 더 성장해야 하기 때문에 더 많은 다른 의견들을 들어야 하고, 더 폭넓은 사고를 훈련해야 한다.

아래에 세 가지 경청의 기술을 소개한다. 경청의 기술을 잘 훈련하면 인격의 폭이 그만큼 넓어진다. 인격의 폭이 넓다는 것은 수용성이 좋다는 의미이기도 하다. 수용성이 좋으면 사람이 커질 뿐만 아니라 많은 사람을 포용하고 거느리는 자리에 이르게 된다.

1) 다른 관점으로 사물을 보는 사람을 존중하라.

지구상에는 인구수 만큼인 80억 개의 다른 관점이 있을 수 있다. 그러니 함께 논의하는 사람이 10명이라면 10개의 다른 의견이 나와도 이상할 게 없다. 거기에는 옳은 의견과 틀린 의견이 다 있을 수 있다. 이제부터는 옳다 그르다라는 기준으로 보지 말고 다르다라는 관점에서 보라.

그 속에 내 의견이 있다. 내 의견은 10가지 중의 하나일 뿐이다. 내가 옳을 확률은 10분의 1이다. 그런데 내 주장만 하면서 다른 사람을 판단하는 것은 논리적으로도 허점투성이다.

책을 읽을 때 당신과 다른 관점에서 집필된 책도 읽는 것이 좋다. 성급하게 판단하지 말고 오히려 그것을 다양한 의견을 수용하는 기회로 삼아라. 수용하는 만큼 인격의 그릇이 커진다.

대화하는 중이라면 다른 의견이 나올 때 금방 반박하지 말고 끝까지 듣는 연습을 하라. 즉시 반발하고 싶은 욕구를 눌러라. 참지 못하고 즉시 반발하게 되면 말싸움으로 번진다. 말싸움은 기분을 상하게 하는 것 외에 아무짝에도 쓸모가 없다. 나아가 당신이 모르고 있던 부분에 대해서 배울 수 있는 중요한 기회를 스스로 박탈해 버리고 만 것이 된다.

반발하고 싶은 욕구를 누르고 끝까지 들어라. 조개의 속살은 모래가 끼는 아픔을 끝까지 견딘 후 값진 진주를 만들어 낸다.

2) 성격 차이를 자연스럽게 받아들여라.

30대이면 결혼을 한 상태일 수 있다. 30년 이상을 혼자 살던 두 인생이 함께 산다는 것이 쉬운 일은 아니다. 부부가 된 후 가장 큰 갈등이 성격 차이다. 성격 차이로 서로 갈라서는 일도 많다.

그러나 생각해 보라. 어떻게 남남이 만났는데 성격이 같을 수 있는가? 남남이 만났는데 성격이 같다면 그 사람은 남이 아니라 몸만 다른 나다. 같은 내가 몸이 다른 나와 사는 것이다. 이해가 되는가? 있을 수 없는 일이다. 그러므로 부부는 당연히 다를 수밖에 없다.

세상에는 사람 수만큼이나 다양한 성격이 존재한다. 중요한 것은 그것을 자연스럽게 인정하는 것이다. 나와 같은 성격을 가진 사람은 존재하지 않는다는 것을 인정하고 살면 편안해진다.

성격 차이로 갈등을 겪는 부부라면 이렇게 해 보라. 서로가 맞지 않는 것을 적은 후에 그 부분에 대해서는 간섭하지 않는다. 고치라고 강요하면 분쟁만 생기기 때문에 그 부분에 대해서는 고유한 자신만의 성격으로 인정해 주는 것이다. 그것이 부부관계에 근본적인 훼손을 주지 않는 한 서로 인정하고 지나가는 것이다.

인간관계도 그렇다. 너무 극단적으로 자기주장을 고수하며 타인을 비방하는 사람이라면 관계를 끊는 것이 최선의 선택이다. 다만 그 정도가 아니라면 성격 차이를 자연스럽게 받아들이고 인정해 주라는 것이다. 각자의 다름을 인정할 때 다른 의견이라도 편안하게 경청할 수 있다.

3) 상대방의 입장에서 당신 자신을 설득해 보라.

《행동하는 낙관주의자》를 써서 템플턴 심리학자상을 수상한 수잔 세거스트롬(켄터키대 심리학 교수)은 다른 의견을 만날 때 이렇게 해 보라고 충고한다. 당신과 다른 의견을 만날 때 의자 두 개를 놓고 상대방 의자에 앉아 당신 자신을 설득해 보라는 것이다.

먼저 내 의자에 앉아서 내 의견을 말한다. 그런 후 상대방의 의자에 앉아 상대방의 관점에서 자신을 설득해 보는 것이다. 그렇게 하는 동안 상대방의 입장을 이해하게 된다. 적극적으로 상대방의 입장에서 자신을 설득하고 나면 그럴 수도 있겠다는 것을 경험한다. 내 의견만 주장할 때는 나만 옳은 줄 알았는데 상대방의 관점에서 내게 설명을 하다 보면 상대방의 의견에도 공감하게 되는 것이다.

옳고 그름보다 더 중요한 것은 사람이다. 제일 그른 것은 옳고 그름을 따지다가 사람을 잃어버리는 과오를 범하는 것이다. 당신이 옳으면 어떻고 상대방이 옳으면 어떤가? 그것이 회사를 망치거나 과업 성취에 해를 끼치거나 사회에 악을 퍼뜨리는 것이 아니라면 무슨 상관인가? 당신이 상대방을 이해하고 수용함으로써 사람을 얻는다면 그것이야말로 옳은 것이다.

링컨(1809~1865, 미국 16대 대통령)에게 물었다. "적을 이기는 최고의 전략은 무엇입니까?"

링컨이 말했다. “적을 친구로 만드는 것입니다.”

행복하려면 성공도 중요하지만 내 주위에 적이 없어야 한다. 당신의 옳음을 증명하기 위해 당신 주위에 적을 만드는 어리석은 일은 결코 하지 말아야 한다.

미국의 남북전쟁 때 링컨을 가장 아프게 비난했던 사람은 율리시즈 S. 그랜트(1822~1885) 장군이었다. 지독한 말로 엄청난 비난을 퍼부었다. 그런데 전쟁이 치열해지자 링컨은 그를 북군의 지휘관으로 임명했다. 모든 내각이 반대했다. 그때 링컨이 이렇게 말했다.

“나를 비난하는 것은 상관없습니다. 지금 이 전쟁에서 필요한 사람은 바로 그랜트입니다. 그는 유능한 지휘관입니다.”

링컨의 기대대로 그는 북군을 승리로 이끌었다. 1865년 4월 15일, 링컨이 암살당했을 때 그곳으로 제일 먼저 달려온 사람은 그랜트였다. 숨진 채 침대에 누워 있는 링컨을 보고 가장 슬프게 울었던 사람도 그랜트였다. 그는 누워 있는 링컨을 보고 이렇게 말했다.

“여기에 가장 위대한 인격이 누워 있다.”

이것이 적조차 친구로 만들어 버리는 링컨의 겸손한 인격이었다.

30대는 직장에서 작은 성과들이 나타나고 승진을 하기 때문에 교만해지기 쉬운 나이다. 가장 위험한 시절이 30대다. 30대에 교만해지면 성장이 멈추어 버린다. 예컨대 한 달에 500만 원을 벌던 사람이 600만 원을 벌게 되면서 교만해진다면 그 사람의 그릇은 500만 원짜리다. 과장에서 차장으로 승진하고 교만해진다면 그 사람의 한계는 과장이다.

의외로 작은 것에 교만해지는 사람이 많다. '실패보다 더 위험한 것은 당신이 이룬 작은 성공들이다.'라는 말이 있다. 작은 성공에 교만해지지 않기 위해 아래의 8가지 항목을 하나씩 점검해 보고 당신의 교만지수를 측정해 보기를 권한다.

1) 충고를 받으면 너나 잘하라고 속으로 말한다.
2) 더 이상 배우고자 하는 갈증이 생기지 않는다.
3) 아랫사람을 배려하는 마음이 없어지고 있다.
4) 자신의 약점을 지적 받으면 민감하게 반응한다.
5) 성공을 과장되게 자랑하기를 즐긴다.
6) 변화가 귀찮고 싫어진다.
7) 지금 잘하고 있다는 자기만족에 빠진다.
8) 상사에게 지나치게 아부한다.

위의 8가지 중 하나만 해당되어도 빨간불이다. 이것은 마치 똑같은 길이를 가진 8개의 판자를 세로로 묶어서 만든 팔각형의 물통과 같다. 7개의 판이 아무리 튼튼해도 한 쪽만 깨지거나 짧으면 물이 샌다. 아무리 물을 채워도 수위가 올라가지 않는다. 이유는 판자 한 쪽에 문제가 있기 때문이다. 아랫사람을 배려하는 마음이 없다면 당신은 이미 교만해진 것이다.

작은 충고도 받아들이지 못해 민감하게 반응한다면 그 정도 인격으로는 많은 사람을 거느리는 자리에 오를 수 없다. 상사에게 지나친 아부를 하는 것도 교만의 증거다.

지속적인 성장은 겸손할 때 가능하다. 겸손을 유지하는 가장 기본적인 태도는 누구를 만나든 인사를 잘하는 것이다. 돈도 들지 않는 그 쉬운 일을 누가 못한다고! 뜻밖에 그 쉬운 걸 안 해서, 또는 형식적인 치레에 그쳐서 오해받거나 손해 보는 사람이 많다.

동서양을 막론하고 진심을 담아서 하는 인사는 겸손을 전하는 굉장히 좋은 안전망이 된다. 특히 당신보다 나이가 많은 사람을 만나면 고개 숙여 항시 겸손하게 인사하라. 그렇게 함으로써 당신은 그의 인격을 존중해 주는 행동을 하는 것이 된다.

아랫사람을 만났다 해도 꼭 그가 먼저 인사하기를 기다리지 말고 인사를 건네라. 손을 들어 흔들면서 반갑게 인사하라. 아랫사람이 먼저 인사를 한다면 물론 기쁘게 받아줄 일이다. 인사를 받아주지 않는 행위는 상대방의 호의를 쓰레기통에 던져 버리는 무례한 행동이다. 이런 사람 주위에 다른 사람들이 모일까? 진심어린 인간관계가 형성될까? 결국 이런 사람은 불행하게 살 수밖에 없다.

30대의 목표는 성공이 아니라 성장이다. 지속적으로 성장하려면 겸손해야 한다. 겸손은 부드러움이다. 사람은 태어나서 1년 동안 제일 많이 성장한다. 그때는 수분이 거의 90%라고 한다. 자라면서 수분은 70%로 줄고, 죽을 때가 되면 50%로 줄어든다. 몸이 뻣뻣해진다는 뜻이다. 이렇게 뻣뻣해지다가 사람이 죽으면 완전히 굳어져 버린다.

사람이 부드러울 때는 왕성한 성장을 보이다가 부드러움이 사라진 어느 시점부터는 더 이상 성장하지 않고 현상 유지를 한다. 부드러움과 성장은 비례관계다. 신체도 그렇거니와 우리의 삶도 동일하다. 교만해지는 순간이 성장의 한계점이다. 마음이 뻣뻣해지면 직장에서 도태되고 쫓겨날 때가 가까이 온 것이다.

성공뿐 아니라 행복을 함께 잡으려면 당신은 지금보다 부드러운 사람이 되어야 한다. 경청과 겸손의 덕목을 훈련해야 한다.

12. 품격 있는 말이 주는 효과

친구가 새 옷을 입고 왔을 때 당신은 어떻게 말하는가?

"새 옷 샀네? 잘 어울린다."

이렇게 반응하면 당신은 말을 잘하는 사람이다.

"어! 나 어제 이거랑 똑같은 옷 입은 사람 봤는데."

이렇게 말하는 사람은 말을 아주 못하는 사람이다.

유대인 사이에는 이런 불문율이 있다고 한다.

"결혼식에서 신부를 보고 무조건 예쁘다고 말하라. 누가 물건을 샀거든 무조건 좋다고 말하라. 이 두 가지는 거짓말이 아니다."

결혼식장에서 신부가 별로라고 해서 신부를 보고 예쁘지 않다고 말하는 사람은 정신병자다. 누가 물건을 샀는데 "뭐 이런 걸 돈 주고 사냐?" "며칠 전에 나는 똑같은 것을 훨씬 싸게 샀는데." 이렇게 말하는 사람도 동일한 수준의 사람이다.

그렇게 말해서 어떻게 하자는 것인가? 상대방의 기분을 상하게 만들어 놓는 것이 목적이 아니라면 말조심해야 한다. 무심코 던진 말 한 마디에 상대방은 큰 상처를 입는다. 상처를 입히는 말을 자주 하면 인간관계에 금이 가고 돌이킬 수 없는 지경에 이른다.

품위 있게 나이 들려면 말 잘하는 법을 배워야 한다. 말을 잘한다는 것은 유창한 화술보다는 필요할 때 언어를 적절하게 사용할 수 있는 기술을 의미한다. 사람과 상황에 맞게 말을 골라서 할 수 있는 능력은 인간관계에 아주 중요한 영향을 미친다. 말을 잘하는 사람은 배려하는 말과 칭찬하는 말과 쉬운 말에 익숙한 사람이다.

1) 배려하는 말

배려하는 말의 기본은 자신이 이야기의 주인공이 되기보다는 상대방이 이야기의 주인공이 되도록 해 주는 것이다. 사람은 자기중심적이고 자신이 말을 하기 좋아한다. 그래서 상대방이 진지하게 자신의 말을 들어 주면 상대방에게 호감을 가진다. 그 사람과 함께하며 그 사람과 대화하는 것을 즐긴다.

또 하나 배려하는 말은 질문으로 채워져 있다. 진지한 호기심을 가지고 던지는 질문은 상대방의 기분을 높여 준다. 대화할 때 상대방의 말에 질문을 하면 그것을 통해 상대방은 자신이 당신으로부터 존중받고 있다고 느끼게 된다. 단, 따지거나 문제를 지적하기 위한 질문은 금물이다. 진심으로 상대방의 말에 호기심을 가지고 질문을 던지면 당신에 대한 상대방의 호감은 급상승한다.

이야기의 중심이 상대방에게 있도록 하라. 진심으로 관심을 기울이고 질문을 던져라. 이렇게 하는 것이 배려하는 말이다. 배려하는 말은 상대방을 존중해 주는 것이기도 하지만 엄밀히 말하면 상대방으로부터 호감을 이끌어 내는, 나를 위한 지혜이기도 하다.

2) 칭찬하는 말

데일 카네기는 "한 방울의 꿀이 한 통의 쓸개보다 낫다."라는 말을 했다. 칭찬 한 마디가 지적이나 비판 열 마디보다 효과적이라는 뜻이다. 칭찬은 상대의 자존심을 높여 주고 잘할 수 있다는 자신감을 심어 준다. 칭찬은 사람을 행복하게 만든다.

반면 비난은 사람의 의욕을 저하시키고 자존심에 상처를 낸다. 비난은 마음을 불행하게 하며 심지어 자살로 인도한다. 방향이 바뀌어 내가 상대로부터 듣는 칭찬이나 비난의 결과도 다르지 않을 것이다.

칭찬과 비난의 손익계산은 너무나 명확하다. 칭찬은 사람을 유능하게 만들지만 비난은 사람을 무능하게 만든다. 칭찬은 상대에게 행복감을 주지만 비난은 불행감을 안긴다. 칭찬은 주위에 사람이 모이게 하지만 비난은 사람을 떠나게 한다.

내 주위에 사람들이 모이고, 인적 네트워크가 견고해지려면 칭찬의 말에 익숙해져야 한다. 자신을 칭찬하는 사람을 싫어하고 외면할 사람은 세상 어디에도 없으니까.

3) 쉬운 말

세 종류의 사람이 있다. 어려운 것을 어렵게 말하는 사람, 어려운 것을 쉽게 말하는 사람, 쉬운 것을 어렵게 말하는 사람이다. 어려운 것을 어렵게 말하는 사람은 평범한 사람이다. 쉬운 것을 어렵게 말하는 사람은 무식한 사람이다. 어려운 것을 쉽게 말하는 사람은 똑똑한 사람이다.

대학생일 때의 경험이다. 철학 강의를 들었는데 아무리 이해하려고 해도 이해가 되지 않았다. 왜 저렇게 어렵게 설명을 할까? 그때는 이해가 되지 않았다. 지금 생각하니 강의 내용을 강의자도 정확히 모르기 때문이었다. 자신이 이해하지 못한 것을 강의하려니 말이 꼬이고 내용이 복잡해졌다.

누구나 알기 쉬운 문장으로 쉽게 말하는 사람의 진짜 똑똑한 사람이다. 말하려는 주제를 자신 안에서 충분히 소화하지 못한 사람은 쉬운 말로 설명하지 못한다. 무엇이든 쉬운 말로 설명한다는 것은 지식을 충분히 자신의 것으로 소화했다는 증거가 된다.

더러 TV 토론을 본다. 지식을 과시하듯 '그 어떤' 같은 전제어를 깔면서 전문용어나 생소한 표현을 남발하는 출연자들이 있다. 그것만으로도 2류 지식인이다. 학술회장이 아닌 바에야 쉽게 말하는 사람이 말을 잘하는 사람이다.

아무리 어려운 이론이라도 확실하게 이해하고 나면 상대방에게 설명할 때 쉬워진다. 그러므로 쉬운 말로 이야기하는 것은 자신의 똑똑함을 무언으로 표현하는 것과 같다. 뿐만 아니라 상대방에 대한 차원 높은 배려이기도 하다.

말은 듣는 대상을 포함한다. 나에게 하는 말이라도 듣는 대상이 엄연히 있다. 내가 하는 말을 내가 듣기 때문이다. 사람들은 자신에게는 아무렇게나 말해도 된다고 간과하는데 오산이다. 한숨을 쉬면서 푸념하듯 하는 말을 자신이 먼저 듣는다. 그런 말을 계속하는 것은 자신에 대한 인격 모독이다.

상대에게 품격 있는 말을 해야 하듯이 자신에게도 같아야 한다. 나도 한 인격체로서 남들처럼 존중받을 자격이 있고 나로부터 품격 있는 말을 들을 권리가 있는 것이다.

말은 듣는 사람을 위한 것이다. 아무렇게나 말하는 사람은 무례함 이전에 대화의 기술이 없는 사람이다. 말 때문에 누군가를 불행하게 만든다면 곧 자신도 그 말로 인해 불행해진다. 그 말을 자신이 제일 먼저 듣기 때문이다.

셰익스피어는 '남에게 숯불을 던지려면 자신이 먼저 숯불을 만져야 한다.'라고 했다. 남에게 부정적인 말을 던지면 자기 입에서 나가는 부정적인 말을 자신이 먼저 듣게 된다. 다른 사람에게 전달되는 말은 공기의 파장을 통해 전달되지만 자신에게 전달되는 말은 뇌의 울림을 통해 바로 전달된다. 뇌를 통해 자신에게 전달되는 말은 영향력이 훨씬 크다.

그러므로 좋은 말이든 나쁜 말이든 제일 큰 수혜자와 피해자는 자신이라는 것을 인식해야 한다.

여러 직업인 중에 기자들의 수명이 가장 짧은 편에 속한다고 한다. 반면 장수하는 직종은 성직자라는 연구 결과도 있다. 이는 말과 관련이 있을 수 있다. 기자는 직업상 남을 비판하는 글을 자주 쓴다. 자연스레 부정적인 표현이 늘 의식 가까이 있다. 스트레스가 쌓이기 쉬운 조건이다. 스트레스는 건강에 치명적인 독이다.

반대로 종교인들은 위로하고 격려하는 긍정적인 말을 많이 한다. 사랑의 말, 용서의 말, 축복의 말을 한다. 긍정적인 말을 하면 제일 먼저 그 말을 본인이 듣는다. 당연히 마음이 긍정적으로 변하고 이것이 사람의 몸과 마음을 건강하게 만든다.

말에는 세뇌 기능이 있다. 같은 말을 계속 들으면 진짜 그렇게 되어 버리는 것이다. 상대방이든 자신이든 동일하게 작용한다. 이것을 아는 사람은 아무 말이나 함부로 하지 않는다. 말의 힘을 활용하여 자신의 기분을 전환시키고 환경을 바꾼다. 시험을 앞둔 수험생, 경기에 나가는 선수가 "난 잘할 수 있어. 잘하자!"라고 외치는 건 확실히 효과적인 면이 있다. 이렇듯 말이라는 것은 의사소통의 수단을 넘어 세뇌의 기능까지 포함하고 있다.

전체주의 국가에서는 사람들에게 같은 사조를 반복해 주입시키는데, 바로 말의 세뇌 기능에 기댄 국민 통제 방법이다. 정치가들은 이를 이용해 국민의식을 고양시키고 국가 발전을 이루기도 하지만 국민을 전쟁과 파괴로 내몰기도 한다.

말의 세뇌 기능을 긍정적인 측면으로 보면 말을 잘하는 힌트 중 하나로 삼을 수 있다. 이 기술을 지속적으로 사용하면 나를 변화시키고 행복으로 이끄는 인도자가 된다. 말 잘하는 사람이 되는 5가지 기술을 아래에 소개한다.

1) 자신을 향해 긍정적인 말을 하라.

가장 소중한 것은 자신이다. 내가 존재하지 않는다면 이 세상과 무슨 상관이 있는가? 내가 상처 받고 불행하다면 세상 전부가 행복한들 무슨 소용인가? 목적은 내가 행복해지는 것이다. 그렇게 되려면 당신이 자신을 향해 나는 행복한 사람이라고 먼저 말해야 한다. 당신이 자신을 향해 나는 유능한 사람이라고 말해야 한다.

"나는 행복한 사람이다." "나는 좋은 사람이다." "나는 유능한 사람이다."

스스로를 격려하는 말을 자주 하라. 그리고 그렇게 믿어라. 말하고 난후 당신이 진짜 그런 사람이라고 믿어야 한다. 그냥 말해보는 것이 아니라 진심으로 말하고 진짜로 믿어야 한다.

"나는 좋은 사람이다."라고 당신이 입으로 말하고 진심으로 믿으면 그렇게 된다. 말에는 세뇌 기능이 있기 때문이다. 계속해서 말하면 뇌가 진짜로 믿는다. 그리고 진짜로 그런 사람이 되도록 이끌어 간다.

2) 좋은 결론을 말하라.

학자들의 연구에 의하면 인간의 뇌에는 언어중추신경이 있다고 한다. 사람이 말을 하면 언어중추신경이 말을 그대로 받아서 말한 대로 몸이 반응하도록 명령을 내린다는 것이다. 그러므로 좋은 결론을 말하면 생각과 몸이 긍정적으로 움직이게 된다. 결국은 좋은 결과가 나타날 것이라고 믿기 때문에 눈앞에 보이는 현상과 상관없이 적극적으로 행동하게 되는 것이다.

등산을 하는 사람은 앞에 내리막이 있어도 개의치 않는다. 그는 이미 정상을 내다보고 있기 때문이다. 좋은 결론을 말하는 사람은 현실이 어려워지고 내리막을 만나도 실망하지 않는다. 결국은 좋은 결론이 날 것을 믿기 때문이다.

현실이 암담할 때 등산의 원리를 생각하며 무조건 좋은 결론을 말하라. '전투에는 져도 전쟁에는 승리한다.'는 말이 있다. 어떤 한 가지 프로젝트에만 실패했을 뿐이다. 그것은 등산하는 사람이 만나는 잠깐의 내리막과 같다. 꾸준히 걸어가면 결국은 정상에 도달한다. 마찬가지로 좋은 결론을 믿고 꾸준히 말하면 인생의 등산에서 결국은 성공과 행복의 정상에 도달하게 된다.

3) 말은 동일 에너지를 끌어당긴다.

우주의 원리는 비슷한 것을 끌어당기는 것이다. 불행한 사람이 왜 항상 불행한지 아는가? 그들은 항상 불행을 말하기 때문이다. 실패자가 왜 여전히 실패자로 남아 있는지 아는가? 그들은 항상 실패를 말하기 때문이다. 외로운 자는 왜 친구가 없는지 아는가? 그들은 항상 나는 혼자야, 나에게는 친구가 없어라고 말하기 때문이다.

그렇다면 행복한 사람은 왜 행복할까? 그들은 항상 행복을 말하기 때문이다. 성공한 사람은 왜 성공할까? 그들은 매일 성공을 말하기 때문이다. 이것은 우주가 가진 동일한 것을 끌어당기는 법칙과 같다. 당신의 입에서 말이 나가는 순간 에너지는 그 말과 동일한 것을 끌어당겨서 당신에게 안겨 준다. 당신의 말은 당신의 인격이 되고 당신의 현실이 된다.

4) '감사합니다.'라고 말하라.

일본 제과업계에서 선두를 달리는 '다마고보로' 과자점의 주인인 다케다의 이야기는 유명하다. 그는 다케다제과의 경영주로 싸구려 계란 대신에 3배나 비싼 북해도산 토종닭 유정란만을 고집한다. 뿐만 아니라 과자가 나올 때 직원들에게 과자를 보고 '감사합니다.'라는 말을 반복해서 하라고 시켰다.

이것은 사람이 화를 낼 때 나오는 숨결을 담은 봉지에 모기를 넣었더니 몇 분 안에 죽었지만 웃을 때 나오는 숨결을 봉지에 넣고 모기를 넣었더니 죽지 않더라는 실험을 근거를 과자 생산에 적용한 것이다.

다케다는 한 시간 동안 '감사합니다.'라고 말한 직원에게는 급여와는 별도로 시간당 8,000원의 상여금을 더 지급했다. 이런 경영 철학으로 만든 다케다 제과의 과자는 일본에서 가장 인기 있는 과자가 되었고 시장점유율 60%를 상회했다.

공장에는 '감사합니다.'라는 말이 하루 종일 흘러나온다고 한다. 과자 하나가 생산되어 나오기까지 백만 번의 감사를 듣고 생산된다고 하니 그렇게 생산된 과자가 사람들의 입맛을 사로잡는 것은 자연스러운 일이라는 생각이 든다.

그는 감사의 위력을 이렇게 말했다. "하루 3,000번씩만 감사해 보세요. 모두 나처럼 될 것입니다." 이 말은 틀림없다. 다만 믿지 않고 실행하지 않기 때문이지 그대로 실행한다면 누구에게나 동일한 일이 일어나리라 확신한다.

5) '이해됩니다.'라고 말하라.

사람들은 모두 누군가에게 이해 받기를 원한다. 자신의 사정을, 또는 자신이 왜 그렇게 행동했는지 이해 받기를 원한다. 매사 꼭 차가운 도덕적 잣대를 가지고 판단할 필요는 없다. 옳고 그름을 따져서 얻는 것이 무엇인가? 당신의 옳음을 증명해서 무엇을 얻어 낼 수 있는가? 시비를 가지고 비록 당신의 옳음을 증명했다고 해도 그 대가로 당신은 소중한 사람을 잃어야 한다.

사람보다 소중한 것은 없다. 그러므로 '이해됩니다.'라고 말하라. '이해할 수 있다.'라고 말하라. '나라도 그런 형편이었으면 당신처럼 행동했을 수 있다.'라고 말하라. 그 순간 상대방은 감동하고, 당신은 사람을 얻는다. 옳고 그름보다 중요한 것은 관계다. 아름다운 관계는 행복의 그물을 튼튼하게 해 준다.

사람들은 목표를 성취하면 행복할 줄로 안다. 그러나 원하던 것을 이루어도 사람 간의 관계에 실패하면 진정으로 행복할 수 없다. 가족, 친구, 동료 등 행복을 나눌 사람이 없거나 갈등 속에 있는데 그런 인생이 무슨 행복인가.

아름다운 인간관계에서 말은 핵심적인 요소다. 품격 있는 말로 맺어진 인간관계는 행복의 튼튼한 그물이 된다. 생각해 보라. 말로 상처를 주고받고, 말로 싸우고, 말 때문에 헤어진다. 어느 누군가는 말 때문에 자살을 한다. 관계가 깨지면 멋져 보이던 성공도 위태롭게 된다.

당신이 성공을 이루었다 한들 행복의 그물이 터져 버리면 무슨 의미가 있는가? 행복해야 성공도 의미가 있다. 행복의 그물을 탄탄하고 부드럽게 엮어 주는 것이 품격 있는 말이다.

13. 비워야 채워진다

30대가 되면 어깨를 누르는 짐의 무게를 느끼기 시작한다. 20대처럼 막연한 꿈을 먹고 사는 시기도 아니요, 40대처럼 무엇인가 가시적인 성취를 보는 시기도 아니다. 열심히 달려 왔지만 아직 뚜렷한 성취를 이루지 못했다. 직장생활의 부담은 커지고 가족을 부양해야 하는 짐은 더욱 무거워진다. 이런 시기에는 마음의 짐을 주기적으로 버리는 연습을 해야 한다.

30대에 짐을 버리는 연습을 하지 않으면 인생 후반전이 위험하다. 한국의 40대 남성 사망률이 세계 1위다. 돌연사가 하루 40명 정도 발생한다. 돌연사는 지나친 스트레스가 원인이다. 정기적으로 비우지 않으면 어느 날 갑자기 죽음을 맞이하는 비극을 당할 수도 있다.

한 남자가 내게 상담을 청했다. 그는 최고의 대학에서 공부하고 박사학위를 받았다. 그런 후 기업에 스카우트되어 수억 원의 연봉을 받는 연구소 소장 자리에 올랐다. 모두가 부러워할 만한 조건을 가진 사람이었다. 그러나 그의 마음 한구석은 하소연으로 가득했다. 부인도 일류 대학을 나와서 적지 않은 돈을 벌지만 그들은 전혀 행복하지 않았다.

그는 나와 상담하며 이런 말을 했다. "제 마음이 새까맣게 타들어 갑니다." 남자는 무거운 짐에 눌려 쓰러지기 일보직전이었다.

"돈이 없어도 행복해."라는 말이 거짓이듯 "돈만 있으면 행복해."라는 말도 거짓말이다. 돈은 마음이 편할 때 비로소 행복을 줄 수 있다. 마음에 평안이 없는 사람은 돈이 있어도 행복하지 않다. 돈이 있어도 불행을 이기지 못해 밤낮 고통을 호소하는 사람들이 주변에 넘쳐나고 있다. 궁금하거든 정신과병원 불면증클리닉을 찾아가 보면 금방 알 수 있다.

잠을 못 자는 것이 얼마나 큰 고통인지 불면증을 겪어 본 사람은 안다. 등에 무거운 짐을 지고 있으면 앉아도 쉬는 것이 아니듯 마음에 무거운 짐이 있으면 누워도 잘 수 없게 된다.

비워 내야 한다. 비우지 않으면 스트레스가 쌓여 죽을 수도 있다. 나를 찾아 왔던 그 남성도 돈이 부족해서 속이 시커멓게 탄

것이 아니다. 수많은 걱정과 부담, 그리고 스트레스를 비우지 못해서 죽을 맛이었다.

겉보기에는 멀쩡하지만 정신이 지친 사람이 의외로 많다. 30대는 현실의 무게를 약간씩 느끼면서 걱정들이 마음에 쌓이는 시기다. 비우는 연습을 해야 한다.

친구들과 술잔을 기울이며 불평하고 소리를 지른다고 해결될 문제가 아니다. 그 순간 일시적인 해소를 얻는 듯해도 다음날 아침이면 속 쓰리고 머리만 아프고 더 죽을 맛이다. 그보다는 근본적으로 마음을 변화시키는 것이 관건이다.

구약성경의 잠언에 '마음을 다스리는 자는 성을 정복하는 자보다 위대하다.'라는 말이 있다. 마음을 다스리고 마음을 지키는 법을 훈련함으로써 근본적인 해결책을 찾아야 한다.

아래가 그런 방법들로 마음을 훈련해 비움의 실질을 익히자. 어쩌면 의식적이든 아니든 해 본 적이 있을 수도 있다. 그러나 아는 것과 지속적으로 실천하는 것은 다르다.

1) 인생의 지혜를 담은 책들을 가까이하라.

인생의 지혜를 담은 책을 읽으면 마음이 치유된다. 인생에 대한 원천적 질문을 하면서 목구멍까지 가득했던 욕심을 비워 내게 된다. 실제로 읽어 보면 알게 된다. 지혜를 담은 책을 읽는 동안 마음이 편안해지고 자신의 삶에 반성이 이는 것을 경험해 볼 수 있다. 욕심에서 해방되는 순간이다.

몇 해 전에 《꽃들에게 희망을》이란 책을 읽었다. 어린이동화 같은 형태로 되어 있어서 보기에는 유치했는데 엄청난 통찰력을 주었다. 애벌레들이 기둥에 오르기 위해 서로 밟고 누르고, 친구들의 아픔을 외면하고, 쉬지 않고 기어올라 꼭대기에 이르렀다. 무언가 거기에는 신비한 것이 있을 줄 알았는데 허공뿐이었다.

도와 달라는 친구의 부르짖음조차 외면하고 오로지 목표를 향해 쉼 없이 기었는데 정상에 오르고 보니 펼쳐진 것은 허공 외에 아무것도 없었다. 이 책은 여기에서 인생도 다르지 않다는 경고를 하고 있다.

그러나 그때 오색찬란한 날개를 가진 나비 한 마리가 창공으로 날아올랐다. 그 나비는 뭘까? 물론 나비도 이전에는 애벌레였다. 다른 애벌레들과 똑같은 욕망의 존재였다. 그러나 이제 애벌레의 삶을 벗어 버렸다. 완전히 새로운 차원의 삶으로 들어간 것이다. 나비에게 허공은 더 이상 허무한 공간이 아니라 마음껏 날아다닐 수 있는 자유의 공간이다.

물질로는 안 된다. 목표를 성취하는 것 자체가 목적이 아니다. 한 걸음 더 나아가야 한다. 그렇게 되기 위해서는 땅의 것으로부터 초월해서 의미를 추구하는 인간으로 성장해야 한다.

읽을 책의 목록은 서점 사이트나 대학 도서관의 추천도서 등을 참고해 너무 많지 않은 선에서 고르면 된다. 어떤 책이 좋을까. 자기에게 맞는 책을 골라야 한다. 좋은 책이라 소문나도 자신과 맞지 않으면 오히려 스트레스가 쌓일 수 있다. 읽을 때 마음이 편안해지는 책이나 인격이 고양되고, 영적인 깨달음을 주는 책들을 선택하면 후회가 없을 것 같다.

사람마다 취향이 다르겠지만 예를 들면《무소유》(법정),《어린 왕자》(생텍쥐페리),《탈무드》 명언집,《월든》(헨리 데이비드 소로), 번역된 불경, 성경 등이 그런 책들이다. 이런 책은 한 번 읽고 던질 게 아니라 그날의 기분에 따라 바꾸어 가며 읽으면 좋을 것 같다.

인생의 지혜를 담은 책들은 성찰의 기회를 주고, 인생을 관조하도록 해 준다. 한 조각씩 지혜를 깨달아 가다 보면 마음을 누르고 있던 무거운 짐들이 하나씩 사라지는 것을 경험하게 될 것이다.

2) 아이들과 함께 시간을 보내라.

30대라면 아직 자녀가 어리다. 깊이 잠든 아이의 얼굴을 보노라면 마음이 고요해진다. 아귀다툼으로 찌든 내면이 정화되고 울컥할 때도 있다. 걸음도 제대로 걷지 못하던 아기가 벌써 이렇게 자랐구나. 아이가 금방 어른이 되어 버릴 것 같은 마음에 서운함도 느낀다. 늦기 전에 아이와 함께 많은 시간을 보내야겠다는 결심을 한다. 주말을 그냥 아이들과 함께 보낸다. 일주일에 하루는 모든 일을 제쳐 놓고 아이들과 함께 시간을 보내야 한다.

30대에 회사에서는 잘 나가고 있는데 집에서 아이들 얼굴 볼 시간이 없다면 잘못 살고 있는 것이다. 일주일에 하루 정도는 온전히 아이들과 함께 보내야 하는데 그 시간이 아깝다면 불행의 집을 짓고 있는 것이다.

당신의 궁극적 목적은 나비가 되는 것이지 애벌레로 사는 것이 아니다. 물론 당신이 기둥의 정상에 올랐다면 그러지 못한 애벌레들은 부러운 눈길로 쳐다볼 것이다. 그러나 본인은 안다. 그것이 얼마나 부질없고 허무한 짓이었는가를 말이다.

늦기 전에 일주일에 하루는 온전히 아이와 함께 시간을 보내라. 욕망의 짐으로부터 자유로워지는 시간이다. 마음이 가벼워지고 사랑이 충만해지는 것을 느낄 것이다. 마음의 짐을 내려놓는 비결 중의 하나다.

3) 가끔은 조용한 자연에 자신을 맡겨라.

유튜브에서 '김창옥 TV'로 대중과 만나는 김창옥(1973~ , 김창옥아카데미 대표)이라는 사람이 있다. 그의 강의에는 사람을 감동시키고 치유하는 힘이 있다. 한 달에 40회 이상 강의를 한다니 에너지가 대단하다.

그의 얘기다. 어느 날 말을 하기 싫어졌다. 자신의 재능이요 꿈이었던 강의가 지겨워진 것이다. 아무 말도 하기 싫어졌다. 강의를 그만두고 프랑스의 수도원으로 떠났다. 그곳에서 홀로 일주일을 지냈다. 어느 날 아침 자연 속에 펼쳐진 포도밭을 물끄러미 보고 있는데 마음이 울컥했다. 내면에서 어떤 소리가 들렸다. 정확히 말하면 오른쪽 머리 위에서 들려온 소리 없는 소리라고 했다.

'그래 여기까지 잘 왔다.' 이 소리가 들리면서 이제까지 살아온 나날들이 필름처럼 툭툭툭 지나갔다. '내가 너 어떻게 살아왔는지 안다. 그때 힘들었고 그때 열심히 노력했고 그때 실수도 했지만, 그래도 여기까지 잘 왔지 않니?'

순간 울음이 터져 나왔다. 그는 한없이 울었다. 일주일의 침묵과 그날 아침의 울음, 그리고 그는 치유되었다. 회복이 되었다. 그곳에서 치유 받고 회복되어 지금은 다시 예전처럼 재미 있고 감동적인 강의를 이어나가고 있다.

자연은 이렇게 해야 돼, 저렇게 해야 돼 같은 충고로 사람을 괴롭히지 않는다. 그냥 포근히 안아준다. 우리가 한숨을 쉬어도, 슬퍼해도, 불평해도, 그저 있는 그대로 우리를 묵묵히 받아준다. 자연은 엄마의 품과 같다. 그래서 치유하는 힘이 있다. 엄마 품에서 울고, 불평하고, 하소연할 때 엄마는 말없이 등을 토닥여 준다. 조용한 자연의 품속에 들어가면 엄마의 품을 만난 듯 휴식을 얻는다.

마음의 짐을 내려놓을 곳이 없는가? 누구에게 하소연을 해도 받아주지 않는가? 그렇다면 자연으로 들어가라. 1년에 한 번쯤은 괜찮다. 몇 년에 한 번도 좋다. 자연으로 들어가서 그냥 편안하게 쉬어라. 무엇을 하려고 하지 말고, 어떤 해결책도 찾지 마라. 어머니의 품처럼 그냥 편안하게 쉬다 오면 된다.

자연은 치유하는 힘이 있으니 그 힘에 당신을 맡겨라. 자연은 당신의 짐을 맡아 주고, 마음을 치유해 주고, 다시 힘차게 달려가도록 회복시켜 준다. 마음의 짐을 비우는 연습을 하지 않으면 나중에 가서 탈진한다.

4) 너그러워져라.

어떤 자영업자가 상담을 왔다. 그는 하루 4시간 정도만 자면서 일했다고 한다. 그런데 어느 날 갑자기 세상이 다 무의미해 보인다는 것이다. 모든 것이 싫어졌다. 좋아하는 것도 없어지고 무기력에 빠졌다. 나는 무조건 쉬라고 조언했다. 일과 관련 없는 시간을 보내며 쉬는 동안 일에 대해 생각하지 말라고 했다. 그는 그렇게 1년을 보낸 후에야 겨우 회복하고 제자리로 돌아올 수 있었다.

마음의 짐을 제때 들어내지 못하면 이런 일이 일어난다. 그러므로 수시로 일을 떠나 휴식을 취해야 한다. 30대 시절 쌓인 스트레스를 비우지 못하면 40대에 탈진이 온다. 페이스 조절을 실패한 마라토너 꼴이 되면 안 된다.

30대는 무엇을 성취하는 시기가 아니다. 30대는 40대 이후 50년을 탄탄하게 준비하는 시기다. 끝까지 달리기 위해서는 에너지 배분을 잘해야 한다. 그러므로 수시로 마음의 짐을 비워 내는 연습을 해야 한다.

마음의 짐을 비우자면 먼저 너그러워져야 한다. 얽히고설킨 인간관계에서 많은 스트레스를 받는다. 그중에 죽어도 용서하지 못할 사람을 만나기도 한다. 그 생각만 하면 혈압이 오른다. 밥맛도 사라진다. 어떻게 해야 할까?

방법은 그래도 용서해야 한다는 것이다. 용서를 거창하게 생각하지 마라. 용서는 나를 위한 것이다. 용서하지 못하면 내가 고통을 당하기 때문에 용서해야 하는 것이다. 미워하는 사람만 생각하면 밥맛이 떨어진다면 결국 그 사람의 종으로 사는 것이다. 왜 미워하는 누군가 때문에 당신 자신을 그의 노예로 만들려고 하는가?

당신이 용서하지 않는다고 해서 상대방이 당하는 고통은 없다. 당신이 미워하는 순간에도 상대방은 즐겁게 산다. 당신이 증오로 몸부림칠 때도 상대방은 밥 잘 먹고 지낸다. 당신이 불면의 밤을 지새울 때도 상대방은 단잠을 잔다.

그렇다면 누가 손해인가? 이것은 자신을 두 번 죽이는 어리석은 행동이다. 상대방으로부터 받은 상처로 자신을 죽이고, 용서하지 못해서 고통을 당하면서 또 한 번 자신을 죽인다. 그런 까

닭에 용서는 나를 위해서 하는 것이다. 그것이 진정한 복수다. 당신이 행복하게 사는 것이 당신에게 상처를 준 사람에게 줄 수 있는 최고의 복수다.

행복한 척하는 것으로는 안 된다. 진짜 행복해야 한다. 진짜 행복하려면 진정으로 용서해야 한다. 미움의 노예에서 해방되어야 한다. 이제 미움이라는 무거운 짐을 내려놓을 때가 되었다.

그 상대가 누구든 용서하고 잊어 버려라. 이제부터 그는 당신 인생에서 아무런 의미가 없는 존재다. 용서함으로 그를 당신 인생에 무의미한 존재로 만들어라. 당신을 누르고 있던 미움이라는 무거운 짐은 사라지고 행복한 날들이 시작된다.

5) 멈춤의 여유가 필요하다.

아프리카에 스프링벅이라는 동물이 있다. 스프링벅은 수천 마리씩, 때로는 수만 마리씩 무리를 지어 생활한다. 여유롭게 여기저기 다니면서 풀을 뜯어먹는다. 그러다가 앞의 무리가 풀을 많이 뜯어서 초원이 듬성해지면 뒤에 오는 무리들이 머리를 내밀면서 속력을 낸다.

더 앞의 풀을 먹기 위해서 달리는 것이다. 그러면 앞의 무리는 풀을 빼앗기지 않기 위해서 달리기 시작한다. 뒤따르는 무리는 풀을 빼앗으려 더 달린다. 급기야 모두는 왜 달리는지조차 잊어버린 채 내달린다. 그러다가 낭떠러지를 만나면 그 속력을 제어

하지 못하고 전부 떨어져 죽고 만다.

아프리카 초원에서 가끔 수백 마리씩 낭떠러지에 떨어져 죽은 스프링벅을 보면서 이유가 무엇일까 학자들이 연구를 했다. 그리고 이 이야기는 학자들이 무리의 특성을 연구한 후에 밝혀낸 죽음의 이유다. 스프링벅들은 오로지 풀을 뜯기 위해 경쟁을 하다가 앞의 위험을 보지 못해 집단 죽음을 당하고 말았다는 결론을 내린 것이다.

인생도 마찬가지다. 멈춤이 필요하다. 멈추어서 조용히 생각하는 시간이 있어야 한다. 조용한 시간에 인생의 근본적인 문제에 대해 질문을 던진다. 깊이 사색하는 사람일수록 고귀한 인격을 가진다.

한국의 30대는 너무 바쁘다. 마음에서 생각이 무르익을 겨를이 없다. 생각이 들어오자마자 말로 뱉어 버린다. 읽는 것들이라고는 인터넷 신문이 전부다. 서점을 언제 가 봤는지 가물거린다. 전공 서적을 손에서 놓으면서 그나마 서점 갈 일이 없어졌다. 지혜를 담은 책들을 읽어 본 기억이 없다. 조용한 시간에 자신의 인생을 성찰해 본 기억은 아예 없다. 그렇게 계속 가면 위험하다. 스프링벅의 운명을 맞이할 수도 있다.

한 살씩 나이를 더해 갈수록 인생의 무게가 늘어 간다. 이걸 다 지고 가다가는 무너진다. 30대부터 비우는 연습을 해야 한다.

잘 비워야 성숙해진다. 그렇게 나이를 더해 가야 인격이 고매해진다.

사람들은 당신의 성공이 아니라 인격에 감동을 받는다. 인격과 품위는 하루아침에 만들어지지 않는다. 내면의 충만함이 오랫동안 쌓여 그것이 밖으로 자연스럽게 표출되었을 때 가능하다.

30대부터 인격의 기초를 닦기 시작해야 한다. 스트레스로 마음이 파괴되기 전에 비워 내야 한다. 비우면 자유를 경험한다. 비울수록 더 자유로워지고, 마음의 자유는 당신을 더 행복하게 만든다.

14. 재정적으로 자립하라

젊은 날의 중요한 목표 중 하나는 빠르게 재정적으로 자립하는 것이다. 충분하지는 않아도 빚을 구걸하는 인생은 안 된다. 재정적 자립은 행복의 기초석이다.

돈이 없어도 얼마든지 행복할 수 있다는 말을 믿지 마라. 돈이 많지 않아도 행복할 수 있다는 말은 맞다. 그러나 돈이 없이는 행복할 수 없다. 인생을 살다 보면 거의 대부분의 불행이 돈이 없어서 닥친다. 부부싸움의 70%가 돈 문제다. 돈이 없어서 싸우는 것이다.

30대의 목표는 부자가 되는 것이 아니다. 재정적으로 자립하는 것이다. 우리나라는 마음만 먹으면 재정적인 자립이 가능한 나라다. 부자가 되는 것은 행운이 따라야 하지만 재정적인 자립은 성실함만 있으면 누구나 가능하다.

재정적인 자립을 위해서는 돈의 중요성에 눈을 떠야 한다. 돈은 인생에서 많은 부분을 차지하며, 행복에 있어서도 상당한 부분을 차지한다. 이것은 자본주의를 살아가는 모든 사람의 현실이다.

몇 해 전부터 금수저 흙수저라는 말이 생겨나 통용되고 있다. 재력 있는 부모를 둔 친구를 부러워하면서 생긴 말일진대 씁쓸한 유행어다. 이런 말들은 자신을 운명의 틀에 가두어 버리는 위험이 있다.

그런데 진짜 흙수저는 이런 비교를 하면서 스스로를 부정적인 생각에 가두어 버리는 사람이다. 자신의 형편을 자조하면서 나는 흙수저니까 루저라고 생각하는 그 생각이 흙수저다.

미국의 성공한 사람들 중 부를 부모로부터 물려받은 경우는 의외로 적다. 대부분 스스로 자립해서 성공과 부를 쌓았다.

잘 알려진 빌 게이츠(1955~ , 마이크로소프트 창업자)는 스무 살 때 하버드대학을 중퇴하고 사업을 시작해서 지금의 부를 이루었다. 워런 버핏(1930~ , 버크셔 해서웨이 CEO)은 학창시절 신문을 팔아서 주식에 투자한 것에서부터 억만장자의 길을 걷기 시작했다. 마이클 델(1965~ , 델컴퓨터 창업자)도 자수성가했고, 마크 저커버그(1984~ , 페이스북 창업자)도 자수성가했다. 스티브 잡스

(1955~2011, 애플 창업자)도 일론 머스크(1971~ , 테슬라모터스 CEO, 스페이스엑스 CEO, 솔라시티 회장)도 자수성가했다. 구글의 공동 창업자인 래리 페이지(1973~)와 세르게이 브린(1973~), 글로벌 전자상거래 업체인 아마존을 창업한 제프 베이조스(1964~)도 자수성가했다.

미국 경제를 주무르고 있는 사람들의 면면이다. 그래서 미국에는 금수저 흙수저라는 말이 없다. 그런데 왜 우리나라에만 이런 말이 있는가? 이유는 굳이 말하지 않아도 각자 답을 가지고 있을 것이다.

다만 여기서 말하고자 하는 것은 부정적인 단어들을 가지고 스스로를 굴레 씌우지 말라는 것이다. 그것은 아무런 도움도 되지 않는다. 30대 나이에서의 목표는 다시 말하지만 재정적으로 자립하는 것이다.

아래에 재정 자립을 위한 5가지 방법을 소개한다. 이것은 단지 돈을 모으는 것에만 국한되는 것이 아니다. 돈에 대한 개념까지 분명히 해야 할 30대다.

1) 돈에 대한 생각을 고쳐라.

돈은 있어도 되고 없어도 되는 것이 아니다. 돈은 꼭 있어야 한다. 없으면 불행해진다. 물론 돈이 없어도 행복할 수는 있다. 어디에나 특별한 사람들이 존재하는 것이 세상이니까. 그러나

이 책은 지금 그런 특별한 사람들을 대상으로 쓴 것이 아니다. 이 세상에 보편적으로 살아가는 사람들은 돈이 있어야 한다.

그러므로 돈에 대한 생각을 긍정적으로 가지는 것이 좋다. 돈이 없으면 불편하고 불편함이 지속되면 불행해진다. 필요한 만큼의 돈은 마음의 욕망을 적당히 채워 줄 수 있다. 소소한 행복에 돈이 큰 역할을 한다는 뜻이다.

20대 청춘 시절에는 돈이 없어도 살 만하다. 미래를 꿈꾸면서 열정을 불태우며 살아도 행복하다. 그러나 40대 이후에는 그럴 수 없다. 인생은 후반전으로 갈수록 돈이 더 필요하다. 돈이 많아서 불행한 사람의 이야기도 더러 듣지만 사실 돈이 없어서 불행한 사람들이 세상에는 몇 곱절이나 많다.

돈은 나이가 들수록 더 필요하다. 자녀들이 자라고 위험한 상황에도 대비해야 하기 때문이다. 20대의 가난과 40대 이후의 가난은 완전히 다른 얼굴이다. 20대의 가난은 낭만일 수 있지만 40대 이후의 가난은 고통이다. 그래서 30대에 재정 자립을 이루어야 한다.

돈에 대한 낭만적인 생각은 금물이다. 모든 노력을 다해서 많이 벌고 많이 저축하라. 이 모든 것은 돈이 목적이 아니라 수단이라는 말과도 통한다. 돈을 목적의 자리에 올리면 돈은 당신을 불행하게 하는 폭군이 된다. 반대로 돈을 수단으로 다스리면 돈은 당신을 행복하게 하는 충실한 하인이 될 것이다.

2) 지출 창구를 단일화하라.

돈을 냉정하게 관리하라. 계획 없이 쓰고 낭비해 버리면 40대를 빚으로 시작하게 된다. 돈을 모으기 위한 계획을 수립하라. 무엇보다 지출 창구를 단일화해야 한다.

맞벌이 부부는 통계상으로 남편 혼자 돈을 버는 것보다 훨씬 많은 돈을 버는데도 불구하고 월말에 결산을 내보면 잔고가 실망스런 경우가 많다. 이런 현상은 더 많이 번다는 것을 가정하고 지출을 그만큼 늘렸기 때문이다. 두 사람이 번다고 지출 창구가 두 개가 되면 돈이 모이지 않는다. 두 사람이 벌어도 지출 창구는 단일화해야 한다.

30대 싱글일 경우에도 여러 통장에서 돈이 나가게 하는 것은 바람직하지 않다. 카드를 쓰더라도 결제 창구를 하나의 통장으로 해서 매월 출금이 한눈에 보이게 해야 한다. 그래야 허투루 나가는 돈이 눈에 보여 통제를 생각하게 된다.

들어오는 돈보다 나가는 돈이 적어야 돈이 모인다. 30대에는 부자가 목표가 아니라고 했지만 자립할 수 있는 재정적인 안정은 확보해 놓아야 한다. 40대를 준비하기 위해서도 재정적인 자립은 중요하다.

3) 투자하기 위해 돈을 빌리지 않는다.

투자를 위해서 돈을 빌리는 순간 빚쟁이가 된다. 돈을 빌려서 투자하는 것은 재정 파탄의 지름길이다. 워런 버핏에게 열 살짜리 꼬마가 물었다.

"어떻게 할아버지처럼 부자가 될 수 있나요?"

버핏이 뭐라고 대답했을까? 간단한 한 마디였다.

"절대로 빚지지 말거라."

세계 최고 갑부의 충고다. 재정 자립을 위한 최고의 원칙은 없으면 쓰지 않는 것이다. 가진 돈이 없으면 투자하지 않는 것이다. 절대로 빚지지 마라.

4) 저축과 장기투자는 돈을 모으는 가장 안전한 방법이다.

수입에서 최소한 20%는 저축해야 한다. 30대에는 아직 자녀가 없거나 어려서 지출 요소가 많지 않다. 이때 저축을 해 놓아야 한다. 40대가 되어 자녀들이 고등학교에 진학하면 교육비로 엄청난 돈이 나간다. 그때는 저축이 어렵다. 지출이 적은 30대에 저축을 해야 한다.

많은 사람들이 저축할 돈이 없다고 한다. 쓰고 남는 것을 저축하려고 하니 돈이 모이지 않는 것이다. 지출 목록 최우선 순위에 저축을 놓아라. 처음에는 어렵겠지만 저축을 위한 돈에는 손을 대지 말아야 한다. 저축을 통해 일정한 금액이 모이면 그것을 종자돈으로 삼아 투자할 수도 있다. 이때 우선적으로 생각할 것이 안정성이다. 수익성보다는 안정성을 우선에 두고 투자하는 것이 좋다.

십 수 년 전의 이야기 한 토막. 브라질 주식에 투자하면 대박을 친다는 소문이 나서 나도 그곳에 돈을 넣었다. 그러나 반짝하더니 거품이 가라앉았다. 그때 미리 투자금을 빼서 손해를 적게 보았지만 많은 사람들이 돈을 날리는 불행을 당했다. 재정 자립을 위한 투자는 장기적으로 안전하게 투자하는 것이 가장 좋다. 워런 버핏은 투자자들에게 최소한 10년 이상을 내다보고 투자하라고 충고한다.

5) 수입의 일부는 남을 위해 사용하라.

미국의 석유왕이었던 록펠러(1839~1937, 오하이오스탠더드 석유회사 설립자)는 50대가 될 때까지 누구를 위해 단 1센트도 사용한 적이 없었다. 그가 유일하게 웃을 때라고는 자신의 주머니에 돈이 들어올 때뿐이었다. 얼마나 지독한 구두쇠였는지 형제들조차 록펠러에게 진저리를 쳤다. 그의 유일한 목적은 돈을 모으는 것이었다.

그러던 어느 날 머리가 어지럽고 소화가 되지 않고 머리카락도 심하게 빠져 병원을 찾았다. 의사로부터 몇 달을 살기 어렵다는 청천벽력 같은 선고를 들었다. 위궤양, 불면증, 피부병 등 복합적으로 질병이 왔다. 그때 그의 나이 55세였다. 세계 최고의 억만장자가 50대의 젊은 나이에 죽게 되었다.

록펠러는 그제야 인생을 돌아보았다. 자신의 삶을 반성하면서 새로운 삶을 살기로 결심했다. 그때부터 금고를 열어서 베풀기 시작했다. 록펠러재단을 세워 전세계를 무대로 자선사업을 했다. 학교를 설립하고, 전염병 퇴치 기금을 내고, 복지센터를 지었다. 서울에 있는 YMCA도 록펠러가 지어준 건물이다.

그는 교회도 4,928개나 지었다. 이렇게 남을 위해 돈을 쓰는 동안 놀라운 일이 일어났다. 한 번도 느껴 보지 못한 신선한 기쁨이 마음에서 솟아났다. 돈을 버는 기쁨이 탐욕적인 기쁨이었다면 나누는 기쁨은 신선한 기쁨이었다. 몇 달 안에 죽을 것이라던 생명도 단절되지 않았다. 록펠러는 그 후로도 45년이나 건강을 유지하며 98세까지 살았다.

많은 돈이 아니어도 좋다. 수입의 일부를 남을 위해서 사용해 보라. 또, 한 달에 하루 정도는 나를 위해서가 아니라 남을 위해서 일해 보라. 그 정도 베푼다고 해서 돈이 부족해지지 않는다. 돈이 주는 진정한 기쁨은 저축하는 기쁨보다 나눠주는 기쁨이다.

자선은 인생을 신선하게 한다. 자선은 마음에 여유를 준다. 적은 돈이라도 베풀면 인생이 행복해진다.

자산의 운용과 관련해 문득 떠오르는 것이 있다.

이스라엘에 가면 사해(死海)라는 소금호수가 있다. 염분 농도가 해수의 5배나 되어서 물고기도 살지 못하는 이름 그대로 죽은 바다다. 사람이 수면에 둥둥 떠서 책을 보는 인터넷 사진도 볼 수 있다.

한번은 이스라엘에 갔을 때 나도 실험을 해 보았다. 손발을 움직이지 않는데도 정말 몸이 둥둥 떴다. 심지어 가라앉으려고 해도 안 되는 신기한 현상을 경험했다. 그러나 이것은 관광객에게는 멋지지만 호수 자체에는 재앙이다. 그 물에서는 물고기도 수생식물도 살지 못한다. 어떤 생명체도 살 수 없다. 이유가 무엇일까?

사해는 수면이 해발 기준으로 −418m다. 빗물이나 하천을 통해 물이 유입되면 바다로 흘러가 순환이 되어야 하는데 해발보다 낮은 호수여서 순환이 되지 않는다. 그래서 염분이 빠질 수 없고 건조한 지역이다 보니 물이 고여 있다가 증발해 버린다. 게다가 유입되는 물보다 증발되는 양이 더 많아서 염분 농도는 갈수록 높아졌고, 그렇게 죽은 바다가 되어 버렸다.

돈은 이와 같다. 무조건 움켜쥐고 있으면 썩어 버린다. 돈이 썩는 것이 아니라 돈을 움켜쥐고 있는 그 사람의 인생이 썩는다. 인생 자체가 불행해진다는 말이다. 돈은 필요한 지출이든 투자든 자선이든 적절하게 흘려보낼 때 신선한 만족감을 준다.

특히, 누군가를 위해 돈을 쓴다는 것은 쉬운 일이 아니다. 그러나 적은 돈이라도 남을 위해 사용할 때 그 액수보다 더 큰 기쁨을 보상으로 받는다. 이것이 돈이 주는 행복이다. 30대 시절부터 이 행복을 차근차근 쌓기 바란다. 돈은 당신을 행복하게 한 준비가 되어 있다!

15. 가정을 관리하는 법

가정은 모든 행복의 뿌리다. 국가도 회사도 나의 존재도 가정과 함께가 먼저다. 아주 특별한 경우가 아니라면 태어난 것도 성장한 것도 사회생활을 하는 것도 가정과 연동되기에 그렇다.

가족을 이루고 사는 사람들은 그 환경에 익숙해져서 당연한 것으로 생각될 수도 있지만 그렇지 않다. 처음부터 남남이 만나서 이룬 가정이기에 관리하지 않으면 언제든 부서질 수 있는 게 가정이다.

가정이 불행하면 인생이 불행해진다. 무엇보다 가정을 행복의 동산으로 꾸며 가야 한다. 꽃향기가 날리고 나비가 날아다니는 아름다운 가정을 만들어야 한다. 행복의 시작도 파멸도 가정의 행복에 달려 있기 때문이다.

가정의 구성원은 부부와 자녀들이다. 구성원이 단출해 사실 운영도 단순하다. 그러나 수십, 수백 배의 구성원이 움직이는 회사보다 더 어렵고 복잡할 수 있는 것이 가정이다. 구성원 간에 가깝기에 일체감도 크지만 가깝기 때문에 갈등이 생기면 그 폭발력도 상상 이상일 수 있는 게 가정이다. 그러므로 가정은 잘 관리되어야 한다.

단순하지만 단순하지 않은 작은 집단인 가정. 당신은 평소 가정에 대해 얼마만큼의 인식을 가지고 있는가. 한번 생각해 보자.

1) 아내에 대해

여자는 생물학적으로 남자보다 훨씬 정서적이다. 쉽게 눈물을 흘리고, 쉽게 상처 받고, 쉽게 감동을 받는다. 여자는 남자보다 섬세하다. 행복한 가정을 위해서는 먼저 남자들이 여자의 정서를 이해해야 한다. 이 정서를 무시하는 남자는 후에 대가를 톡톡히 치른다.

남자들이 나이가 들어서 이렇게 말하는 것을 종종 듣는다. "아내가 나이가 들더니 드세졌다." 이것은 순전히 남편 탓이다. 칼이 칼을 날카롭게 한다는 말이 있다. 결혼 초기에 사랑스럽고 부드럽던 여자가 나이가 들어 드세졌다면 누구 탓이겠는가? 아내를 무뚝뚝하게 대하고, 거친 말을 하고, 무시했기 때문이다. 칼이 칼을 날카롭게 한 것이다. 그럼에도 남자들은 여전히 여자를 거칠게 대하고 상처를 준다.

여자라는 생물적 특징을 무시한 채 남자처럼 대하는 것이다. 이것이 지속되면 부드러운 성품도 남자처럼 변해 버린다. 처음에는 비둘기 같은 마음으로 신혼생활을 시작했지만 남편의 거친 행동에 아내는 상처 받고, 더 이상 상처 받지 않기 위해 스스로 내면을 딱딱하게 바꾸는 것이다.

남편으로부터 오는 화살을 막아 내기 위해 자연스레 방어막을 치는 것이다. 이 상태로 나이가 들면 부부 관계가 딱딱하게 굳어 버린다. 너무 오랫동안 동일한 방식으로 생활해 왔기 때문에 부부가 남남처럼 변해 버린다. 비극적이고 불행한 일이다.

30대는 막 신혼을 시작하는 시기일 경우가 많다. 결혼생활에는 불가침의 법칙이 있다. 첫째는 절대 부부 간에 자존심을 건드리는 말을 하면 안 된다. 자존심은 인간이 가진 마지막 보루다. 자존심이 깨지면 관계가 깨진다. 상대방의 자존심을 깨뜨리는 말은 금해야 한다.

둘째는 지적하고 고치라고 말하지 말아야 한다. 상대방의 잘못을 지적하면서 이것저것 고치기를 요구하는 것은 바보 같은 행동이다. 자신은 변하지 않겠다는 결심이기 때문이다. 왜 상대방의 잘못을 자꾸 지적하는가? 내가 변하기 싫어서 그런 것이다. 나는 변하지 않을 테니 당신이 나에게 맞추라는 지극히 이기적인 요구다.

젊을 때는 아직 모른다. 자신이 옳은 줄 안다. 자신은 이렇게 균형을 잡았는데 상대방은 틀렸다는 것이다. 이런 생각을 버려야 한다. 지적하고 고치라고 충고하는 당신이 틀린 것이다. 스스로 자신은 균형적이라는 그 생각이 이미 이기적이다. 그런 이기심으로는 지적을 해 봐야 싸움만 생길 뿐이다.

일찌감치 포기하는 것이 좋다. 내가 지적 받는 것을 싫어하듯이 상대방도 지적 받는 것을 싫어한다. 내가 싫어하는 것은 상대방에게 요구하지 마라. 이것이 불가침의 법칙이다. 이 법칙만 잘 지켜도 행복한 부부가 될 수 있다.

아내에게 낭만을 선물하라. 대가는 부메랑처럼 고스란히 돌아온다. 아내가 무엇을 원하는지 관찰해야 한다. 구체적으로 알아야 한다. 짐작으로 선물을 하거나, 당신이 좋아하는 것을 아내도 좋아할 것이라고 생각하면 문제가 생긴다.

무엇보다 여자들은 말하는 것을 좋아한다. 별것도 아닌 것을 자꾸 말하려고 한다. 남자는 주제가 없는 이야기를 못한다. 말하는 주제가 뚜렷해야 대화에 의욕이 생긴다. 이야기를 하다가도 자꾸 주제를 찾으려고 정신을 집중한다.

그러나 여자들은 주제도 없고 해답도 없는 이야기를 끊임없이 내뱉는다. 이것을 기회로 잘 활용하면 좋다. 아내에게 말할 기회를 주고 잘 들어주기만 해도 80점은 따고 들어간다. 함께 분위기 있는 곳에 가서 아내와 대화를 즐긴다면 최고의 선물이다. “우리 대화하러 카페에 갈까?” 따위의 말은 안 해도 된다. 그 정도는 알아서 챙기고 자연스럽게 대화가 흐르도록 하라.

아내가 말할 때 적극적으로 동의해 주면 아주 좋다. 아내가 아이들을 걱정할 때 같이 걱정해 주고, 시부모 욕할 때는 맞장구쳐 주고, 사소한 이야기를 할 때도 관심을 기울여 주면 아내는 행복감을 만끽한다.

여자는 분위기를 좋아한다. 여기에는 이유가 없다. 예외도 없다. 여자의 정서가 그것을 원한다는 것뿐이다. 너무 실용성만 따지는 남자는 질린다. 때로는 낭비도 필요하다. 아내를 위해 기꺼이 낭비를 결심하라. 부부 사이에 행복의 열매가 열린다.

2) 남편에 대해

남편의 생명은 자존심이다. 자존심이 무너지면 다 무너진다. 원래가 그렇게 만들어졌다. 지혜로운 아내는 남편의 자존심을 세워 준다. 항상 남편을 칭찬하면서 자존심을 고양시켜 준다. 가장으로 존중해 주고, 자존심을 높여 주면 남자는 가족을 위해 죽을 수도 있다.

제2차 세계대전의 영웅 더글러스 맥아더는 자식에게 존경을 받지 못하는 사람은 세상에서 어떤 업적을 이루었다 해도 실패한 자라고 했다. 남자는 가정에서 존경받아야 행복하다. 밖에서 아무리 많은 사람이 존경하고 칭찬해도 아내 한 사람에게 칭찬을 듣는 것보다 못하다.

한 번은 한국에서 굉장히 큰 교회를 목회하는 목사님의 설교를 들었다. 과연 설교가 귀에 쏙쏙 들어오면서 유익했다. 그분이 설교 중에 이런 말을 했다.

"교인들이 나가면서 목사님 말씀이 너무 좋았습니다, 큰 은혜를 받았습니다, 많은 것을 깨달았습니다, 탁월한 말씀이었습니다라고 덕담을 합니다. 그런 말을 들으면 사람이니까 당연히 기분이 좋습니다. 그런데도 집에만 들어오면 아내 뒤를 졸졸 따라다닙니다. 아내로부터 칭찬을 듣고 싶어서 그럽니다. 그런데 아내가 한 마디도 칭찬해 주지 않으면 그렇게 섭섭할 수가 없습니다. 교인들로부터 수십 번 칭찬을 들어도 마음이 서운합니다."

남자는 세상 모든 사람의 칭찬과 존경보다 아내의 칭찬과 존경을 더 간절하게 원한다. 남편을 칭찬하고 높여줄 줄 아는 아내는 최고의 아내다. 가장 지혜로운 아내에 속한다. 남편은 단순하다. 이것 하나면 된다. 아내가 남편의 자존심을 세워 주는 것이다. 칭찬하며 남편을 존경하는 태도를 보여주는 것이다.

이런 아내가 있는 곳이라면 집에 오는 것이 행복하다. 남편은 아내를 위해 죽을 수도 있다. 이것이 남자의 마음이다. 세상에서 경험하는 다른 행복과는 차원이 다른 근본적인 행복을 경험한다. 아내의 격려와 칭찬으로 남편 마음에는 행복의 열매가 주렁 주렁 열리는 것이다.

내가 이렇게 강연했더니 어떤 부인이 이런 말을 했다.

"자꾸 칭찬해 주면 버릇 나빠져요."

한심한 여자다. 이런 여자와 살지 않는 것이 감사할 뿐이다. 사실 칭찬을 하지 못하는 진짜 이유는 남편이 버릇이 나빠질까 하는 걱정에 있지 않다. 자존심이 그것을 허락하지 않기 때문이다. 마음에 있는 교만 때문이다. 교만한 사람은 누구를 칭찬하지 못한다. 다른 사람을 칭찬하면 자신이 낮아지는 것으로 착각한다. 이런 사람에게 필요한 잠언이 하나 있다.

"당신이 남편을 황제로 대접하면 당신은 황후가 될 것이지만, 당신이 남편을 하인으로 취급하면 당신은 하녀가 될 뿐이다."

남편을 낮추어서 아내가 높아지는 것이 아니다. 남편을 하인 취급하면 아내는 하녀의 자리로 추락할 뿐이다. 남편을 높여 주는 것이 자신이 높아지는 것이다. 남편을 칭찬하고 존경하면 아내에게는 사랑과 감사가 돌아온다.

3) 자녀에 대해

자녀에게는 부모가 다 소중하지만 여기서는 자녀와의 관계에서 자칫 소홀하기 쉬운 아버지에 대해 주로 이야기하려 한다. 엄마는 자녀의 생활에 밀접해 있어 아버지보다 자연스레 더 가깝다. 문제는 아버지다.

자녀들이 가장 원하는 것이 무엇일까? 아버지가 벌어다 주는 돈일까? 아버지의 성공일까? 아버지의 명예와 출세일까? 모두 아니다. 자녀들에게 가장 필요한 것은 그냥 아버지다. 자녀들은 아버지를 필요로 한다.

특히 아직 초등학생이거나 그 이전 시절에는 아버지가 자녀에게 전부다. 자녀들은 아버지로부터 오는 혜택에는 관심이 없다. 그냥 아버지를 원한다. 얼마만큼 자녀들과 함께 시간을 보내느냐로 자녀들은 아버지의 사랑을 본능적으로 측정한다.

돈을 주는 것은 사춘기 이후의 문제다. 사춘기가 지나면 오히려 아버지가 불편하다. 사춘기는 자아를 찾아가는 시기이므로 아버지가 뒤로 빠져주는 것이 좋다. 사춘기 때도 간섭과 보호를 일삼으면 독립적인 자아 형성에 문제가 생긴다. 의존적 인생을 만들거나 아니면 반항아를 만들 위험이 크다. 그때는 아버지가 잠시 사라져 주는 것이 좋다.

잠시 사라졌다가 성인이 되어 만나는 것이 좋다. 물리적으로 사라지라는 뜻은 아니다. 자녀들이 독립적 자아를 형성할 수 있도록 시간을 주라는 뜻이다. 독립적 자아가 건강하게 형성되면 다시 아버지를 찾게 된다. 그때 자연스러운 관계를 이어가면 된다.

그렇지만 아직 어린 자녀들에게는 아버지가 세상의 전부다. 아버지와 자신을 동일시하면서 스스로의 존재를 확인한다. 아버지와 함께 시간을 보내면서 부모의 사랑을 확인한다. 아버지의 인정을 받으면서 자신의 가치를 확인한다. 이 시절 아버지는 자녀의 인격 형성에 지대한 영향을 미친다.

이 중요한 시기에 일에 파묻혀 아이들을 소홀히 한다면 자녀들은 씻을 수 없는 상처를 받는다. 함께할 시간 대신 돈을 주는 아버지, 백화점에서 선물을 사 주는 아버지, 이런 아버지는 자녀가 진정으로 원하는 아버지가 아니다. 아이들이 원하는 것은 아버지 그 자체다. 아이들은 아버지를 원한다. 아버지와 함께하는 시간을 원한다.

교육학을 전공하는 남자가 있었다. 공부에 재능이 있어서 박사학위 취득을 위해 유학을 떠났다. 그는 밤낮 없이 공부에 매달렸다. 아침부터 저녁까지 학교와 도서관으로 다니면서 공부에 집중했다. 학위를 취득하고 한국에 돌아와 교수가 되었다.

그는 자녀들이 어떻게 자라는지 몰랐다. 유학을 가고, 학위를 따고, 교수가 되어 연구에 몰두하는 동안 아이들은 아버지 없는 시간을 보냈다. 유치원 입학식에도 졸업식에도 아버지는 없었다. 초등학교 입학식이나 졸업식에도, 중고등학교 입학식이나 졸업식에도 아버지는 없었다. 아버지는 자식을 잊은 채 공부와 연구에 몰두했다. 그는 교육학을 전공한 터라 자녀교육 분야에서 대가가 되었다.

드디어 자신이 이제까지 자녀 교육에 대해 연구한 것을 책으로 출판하게 되었다. 책을 출판하는 날, 교수의 아들은 아버지의 책을 땅바닥에 집어던지고 가출을 하고 말았다. 역설적이게도 그 책은 자녀를 버리고 얻은 자녀 교육에 대한 가르침이 되어 버린 것이다.

청소년들의 비행 뒤에는 거의 아버지의 무관심이 있다는 것을 아는가? 아버지로부터 자신의 가치를 확인하지 못한 자녀들은 비행을 통해 자신의 가치를 확인하려 한다. 결핍된 자존심을 채우기 위해 비행이나 폭력을 행하는 것이다.

이것은 꾸짖는다고 해결되지 않는다. 이런 자식이 있다면 아버지가 먼저 통렬히 반성해야 한다. 자녀에게 주어야 할 사랑을 오로지 자신을 위해 사용해 버린 그 이기심을 철저하게 반성해야 한다. 그리고 사랑해야 한다. 늦었지만 아주 오랫동안 지속적으로, 특히 아이가 아버지의 사랑을 느낄 때까지 계속 사랑해야 한다.

그러나 이런 쓰라린 아픔을 굳이 당할 필요는 없다. 기회가 있을 때 최선을 다하면 된다. 아직 아이들이 어릴 때 사춘기 이전의 시기에 많은 시간을 함께 보내는 것이다. 명심하기 바란다. 아이들은 아버지의 성공이나 아버지가 주는 선물이 아니라 아버지를 원한다는 것을 말이다. 함께 시간을 보내면서 따뜻한 관심과 사랑을 느끼게 해줄 아버지다.

아버지와 함께하는 시간이 많아질수록 아이들의 자존심 수위는 높아지고 건강한 청소년으로 성장한다. 아버지와의 시간을 충분히 하면 자녀들은 세상이 행복하다고 느낀다. 그리고 그 행복은 당신이 더 나이가 들었을 때 자녀들로부터 고스란히 돌려받게 된다.

인생의 궁극적 목적은 행복에 있다. 그리고 행복의 중심에는 가정이 있다. 가정이 흔들리면 행복이 흔들린다. 가족이 깨지면 행복도 깨진다. 가족은 가장 친밀한 관계지만 가깝기에 상처 받기 쉬운 관계다. 가정은 내버려두면 잡초가 무성한 땅처럼 갈등과 싸움이 난무한다. 그래서 가정은 꽃밭을 돌보듯 가꾸어야 한다.

30대에 가정을 소홀히 하면 40대 이후 가정에는 잡초가 무성해지고 허물어진다. 회복이 어려워진다. 30대에 가정의 소중함을 알고 정성을 기울여야 한다. 수고로움의 대가는 이후에 살아갈 인생에서 거둘 행복의 열매들이다. 가정을 가꾸고 가정에서 열린 행복의 열매를 취하라. 가정은 행복의 원천이다.

• • • • •

삶은 우연의 집합체가 아니다. 살다 보면 좋은 날이 오겠지라는 막연한 기대는 이루어지지 않는다. 농부가 좋은 씨앗을 뿌리고 가꾸어야 좋은 열매를 거둘 수 있듯이 인생도 다르지 않다. 삶의 법칙을 자신의 것으로 만들기 위해 훈련할 때 성공과 행복이라는 선물이 다가온다. 이것은 이미 많은 사람들에 의해 입증된 결과다.

PART 2

삶을 지배하는 7가지 법칙

1. 무리의 법칙

: 칠면조의 무리를 떠나 독수리의 무리로 가라

아직 인터넷이나 스마트폰이 없을 때는 TV가 유일한 재미였다. TV 채널도 KBS와 MBC 두 개밖에 없던 시절, 단연코 제일 재미있었던 프로는 〈주말의 명화〉였다. 당시 TV 영화는 상당수가 서부극이었다.

서부극의 특징은 악인과 선인의 구도가 뚜렷하다는 것이다. 도발하는 무리에 대항해 응전하는 무리가 있다. 언제나 이 둘이 긴장관계를 유지하며 스토리가 진행된다. 이것이 사라지면 스토리가 사라진다. 두 무리가 선명하게 나뉘어 충돌하면서 스토리가 발전한다.

우리말에 '끼리끼리 모인다.'라는 말이 있다. 같거나 비슷한 종류끼리 무리를 이루는 것을 말한다. 악인은 악인끼리 모이고, 선인은 선인끼리 모인다. 그래서 선인이 악인의 무리에 들어가거나 악인이 선인의 무리에 들어가 어울리는 경우는 없다.

이 둘은 내면에 가진 에너지의 종류가 다르기 때문이다. 악인이든 선인이든, 도발하는 자든 응전하는 자든 이 둘은 서로가 가진 에너지가 완전히 반대되기 때문에 친구가 될 수 없다.

에너지에는 같은 것은 끌어당기는 성질이 있다. 세상에는 수많은 종류의 생명체가 존재하지만 자세히 살펴보면 전부 같거나 비슷한 것들끼리 무리를 지어 사는 것을 발견할 수 있다. 사람들이 살아가는 모습 역시 거시적으로 보면 비슷한 성향의 사람끼리 무리를 지어 사는 것을 볼 수 있다.

동창회라는 것이 있다. 동호회도 있다. 동지라는 말도 있다. 같은 학교, 같은 취미, 같은 뜻을 가진 사람끼리 모인다. 진보단체는 진보 성향의 사람끼리 모이고 보수단체는 보수 성향의 사람끼리 모인다. 성공한 사람은 성공한 사람들끼리, 실패한 사람은 실패한 사람들끼리 모인다.

동물의 세계도 다르지 않다. 초원에 수천 마리의 소떼가 있을 때 그중에 사슴이 끼어 있는 것을 보지 못한다. 심지어 자연도 전부 끼리끼리 모여 있다. 시베리아 추운 지방은 침엽수끼리, 열대의 더운 지방은 활엽수끼리 모여 있다. 고산지대는 키가 작고 뿌리가 깊은 나무끼리, 더운 열대지방은 키고 크고 뿌리가 약한 나무끼리 모여 있다.

세상에는 다양한 종류가 자유로이 섞여 사는 것 같은데 속을 들여다보면 전부 끼리끼리 그룹을 형성하고 있다. 신기하지 않는가? 왜 인간이든 동물이든 자연이든 전부 끼리끼리 모여 있을까?

이유는 이것이다. 동일한 것끼리 모이고 적응하는 에너지의 법칙 때문이다. 모든 존재는 에너지를 가지고 있고, 그 에너지는 동일한 것을 끌어당기는 성질을 소유하고 있다. 이런 에너지의 법칙을 '무리의 법칙'이라고 부른다. 에너지는 동일한 것을 끌어당겨 무리를 형성한다.

미국의 작가인 지그 지글러(1926~2012)는 "당신이 항상 칠면조 사이에서 기고 있으면서 독수리가 되기를 원하는 것보다 더 어리석은 것은 없다."라고 말했다. 독수리가 되려면 독수리 무리에 들어가야 한다. 당신이 어떤 무리에 속하느냐로 당신이 어떤 인생을 사느냐가 결정된다. 날지 못하고 느리고 결국에는 잡아먹히는 운명을 사는 칠면조 사이에 있으면서 '나는 독수리가 되었으면 좋겠어.'라고 기대하는 것은 어리석은 생각이다.

불평불만을 쏟아 내는 자들과 날마다 술잔을 기울이면서 성공을 기대하는 것도 어리석은 짓이다. 인생을 불행으로 가득 채운 무리와 어울리면서 나는 왜 행복하지 못하지라고 자문하는 것도 어리석은 질문이다.

바라는 것이 있다면 먼저 바라는 무리 속으로 들어가야 한다. 성공을 원하면 성공한 무리 속으로, 행복을 원하면 행복한 무리 속으로 들어가야 한다. 그렇게 할 때 같은 것을 끌어당기는 에너지의 법칙이 당신을 향상시켜 그 무리와 동일한 사람으로 이끄는 것이다.

중요한 것은 형식이 아니다. 형식을 바꾸는 것은 소용없다. 사람이 옷을 갈아입는다고 새로운 사람이 되지 않는다. 새로운 사람이 되는 진정한 비결은 생각을 새롭게 하는 것이다. 생각이 새로워지면 사람이 새로워진다.

생각을 독수리 생각으로 바꾸어야 한다. 몸이 독수리 무리 속에 있어도 생각이 칠면조이면 칠면조 무리에 있는 것이다. 비록 칠면조 사이에 살지만 생각이 독수리이면 당신은 독수리 무리에 속한 사람이다.

생각을 바꾸기 위해 가장 먼저 해야 할 일은 부정적인 무리와 단절하는 것이다. 부정적인 무리는 부정적인 생각을 기준으로 삼는 자들이다. 삶에 존재하는 어두운 면을 부각시켜서 그것을 입으로 말하며 확산시키는 자들이다.

부정적인 생각은 부정적인 에너지를 형성한다. 부정적인 에너지는 부정적인 에너지끼리 모여서 부정적인 무리를 형성한다.

예컨대 악인은 다른 악인을 끌어당겨 서로를 에스컬레이팅하며 집단을 형성한다. 이렇게 해서 조직폭력배가 탄생하는 것이다. 동일한 것을 끌어당기는 에너지의 법칙이 작용하기 때문이다.

다른 예를 하나 더 들어보자. 결코 빈곤한 자들을 비난하고자 하는 목적이 아니다. 다만 동일한 것을 끌어당기는 에너지의 법칙의 한 예를 들려고 하는 것뿐이다. 빈곤한 자들은 자신의 부족한 것을 생각한다. 없는 것에 집중되어 하루 종일, 일주일 내내, 그리고 항상 빈곤을 생각한다.

빈곤한 생각은 빈곤의 에너지를 방출하고, 동일한 것을 끌어당기는 에너지의 법칙에 따라 동일한 무리끼리 모이게 한다. 빈곤한 사람들은 빈곤한 사람들끼리 모여서 빈곤은 말한다. 이것이 서로에게 에스컬레이팅 역할을 해서 계속 더 깊은 빈곤의 늪으로 빠뜨리는 것이다.

유전적 질병도 같은 이치로 설명할 수 있다. 부모 중에 특정 질병이 있는 집안은 자녀들도 같은 질병에 걸리는 경우가 많다. 자녀는 부모로부터 DNA를 이어받아 태어나는 것이니 유전적인 문제가 영향을 미치는 것을 당연할 것이다.

그러나 그 전부를 유전적 문제로만 취급하는 것에는 문제가 있어 보인다. 유전적인 원인 못지않게 가족의 병력이 주는 부정적인 의식이 공유되는 것은 아닐까. 부모님이 특정 질병을 앓다가 사망했을 경우 그것이 자녀들의 생각에 깊이 새겨질 수 있다.

우리 집안은 이런 병이 있어. 이런 병을 조심해야 해. 이런 생각을 자주 하면서 그것이 동일한 에너지를 형성하는 것이다. 그런 의식이 반복되면서 동일한 것을 끌어당기는 에너지의 법칙에 따라 자녀들에게도 같은 질병이 일어나는 것일 수 있다.

그러므로 인생에서 실패와 불행을 제거하려면 가장 먼저 해야 할 일은 부정적인 생각을 지우는 것이다. 부정적인 생각을 제거하면 부정적인 사람들과 가깝던 정서도 사라진다. 부정적인 무리와 단절하게 되면 더 이상 부정적인 에너지가 형성되지 않는다. 그러면서 새로운 세계로 도약할 수 있는 자유를 얻게 되는 것이다.

당신은 칠면조 무리 속에 있는가 독수리 무리 속에 있는가. 답은 간단하다. 스스로 긍정적인 생각을 많이 하고 또 그런 류의 사람들과 어울리는지, 아니면 그 반대인지 객관적으로 점검해 보면 된다.

한 가지 더. 노력도 하지 않으면서 막연히 낙관하는 것은 독수리의 생각도 칠면조의 생각도 아니다. 부정적인 생각보다는 낫지만 그 정도로는 진정한 독수리가 아니다.

당신이 칠면조의 무리 속에 있거나 막연히 잘 되기를 바라는 사람이라면 한시라도 독수리 무리로 들어가야 한다. 독수리의 무리로 들어가는 방법은 당신의 생각을 긍정적으로 바꾸는 것이다.

긍정적인 생각은 밝은 면을 확대한다. 불가능보다는 가능을 생각한다. 나쁜 것보다는 좋은 것을 확대한다. 불행보다는 행복을 믿는다. 이런 생각을 가진 사람이 긍정적인 사람이다. 이런 사람들이 모이면 긍정적인 무리가 된다.

긍정적인 무리 속에는 긍정적인 에너지가 넘친다. 이들의 말에는 긍정과 확신이 담겨 있다. 할 수 없다는 말보다는 할 수 있다는 말이 보편화된다.

생각의 전환은 쉬운 일이 아닐 것이다. 지속적으로 자신을 설득해야 가능하다. 그렇다면 어느 정도로 자신을 몰아가야 할까.

반반의 법칙이라는 것이 있다. 동전을 던지면 앞면이 나올 확률과 뒷면이 나올 확률이 반반이다. 그런데 그 횟수가 적으면 전부 앞면 또는 뒷면이 나오거나 7대 3처럼 한쪽으로 편중되게 나올 수도 있다. 하지만 이 정도 시행으로 반반의 법칙이 틀렸다고 할 수는 없다. 동전을 백 번, 천 번 던진다면 확률은 결국 반반에 가깝게 될 것이다.

당신의 생각 전환이 안 되는 경우도 몇 번만 해 보았기 때문일 것이다. 한 달을, 1년을, 10년을 지속해서 한하면 반반의 확률이 맞아 가듯이 당신의 염원도 노력을 배신하지 않을 것이다.

그럼 당신이 다시 물을지 모르겠다. 그래도 절반은 안 되는 것 아니냐고. 인생은 동전으로 내기를 하는 것처럼 원하는 쪽이 안 나왔다고 모두를 잃는 게임이 아니다. 절반의 성공으로 그 방향으로 가는 새로운 관성을 얻을 수 있는 게 인생이다. 또, 진짜 절반만 성공하는 결과가 있다 쳐도 나쁘지 않다. 전무에 비한다면 절반의 성취라도 어딘가. 아마도 부정적인 생각 속에 있다면 절반의 성취도 없을 테니까.

존스 홉킨스 병원의 외과의사인 벤 카슨(1951~)은 '신의 손'으로 불리는 명의다. 그가 이런 명예를 얻게 된 것은 네 살짜리 악성종양 환자를 수술로 완치시키고, 쌍둥이의 머리가 붙어서 태어난 샴쌍둥이를 수술해서 정상인으로 만들었기 때문이다.

그러나 카슨이 처음부터 가능성이 있는 사람은 아니었다. 그는 할렘가에서 아버지도 모른 채 태어났다. 어린 시절 가난을 겪으면서 범죄 소굴에서 뒹굴었다. 초등학교 때부터 술, 담배, 마약, 폭력 등 해 보지 않은 것이 없었다. 스스로 고백하기를 살인을 빼고는 모든 것을 다 했다고 한다. 이런 문제아가 어떻게 세계적인 의사가 되었을까?

벤 카슨에게 한 기자가 질문을 했다.

"당신을 이 자리에 오르게 한 원동력이 무엇입니까?"

기자의 질문에 이렇게 대답했다.

"나의 어머니 소냐 카슨 덕분입니다."

그는 어머니를 회상하며 이렇게 말했다.

"어머니는 생계를 위해 일하느라 나를 돌볼 시간이 없었습니다. 나는 불량한 아이들과 어울렸고 문제아가 되었습니다. 그래도 어머니는 실망하지 않고 매일 나에게 말했습니다. '벤. 너는 마음만 먹으면 얼마든지 잘할 수 있어.' 어머니가 끊임없이 들려주신 이 말이 지금의 나를 있게 한 원동력입니다."

물론 한두 번의 말로는 어림없다. 카슨의 어머니인 소냐의 위대한 점은 지속적으로 말하기를 멈추지 않았다는 것이다. 벤. 너는 마음만 먹으면 잘 할 수 있어.

지속적인 말은 벤의 마음에서 부정적인 에너지를 몰아냈다. 벤의 마음속에 나도 잘할 수 있다는 에너지를 생성시켰다. 벤의 마음에 생성된 긍정적인 에너지는 어머니의 것과 만나 에스컬레이팅을 일으켰다. 그리고 벤의 인생은 칠면조에서 독수리가 되었다.

그럼 생활 속에서 긍정적인 에너지를 어떻게 얻을까. 이제 그 방법을 말해 봐야겠다.

어렵지 않다. 가장 손쉬운 첫 번째의 방법은 웃음이다. 잘 웃는 사람치고 불행한 사람 거의 없다. 행복하기를 원하는가? 무조건 웃어라. 웃음은 최고의 긍정 에너지 공장이다.

웃음은 즐거움을 가져와서 삶에 활력을 준다. 웃음은 인간관계를 긍정적으로 만들어 준다. 웃음은 살아 있는 순간을 행복하게 만든다.

이 세상에 존재하는 만물 중에 사람만 유일하게 웃을 줄 안다. 동물들은 웃지 않는다. 어떤 사람은 반려견이 행복해할 때 웃는다고 말하지만 그것은 인간의 웃음과 차원이 다르다. 본능적인 반응에 불과하다.

삶에 왜 웃음이 필요한가. 이유는 한 가지. 동물과 달리 인간은 스트레스 속에 살기 때문이다. 동물에게도 생존의 스트레스가 있긴 할 것이다. 그러나 그것은 사람과 비할 바가 못 된다. 인간은 동물보다 수백 배의 압박과 스트레스를 받으며 살아간다.

미국의 심리학자인 샤드 헴스테더의 연구에 따르면 사람은 하루에 5~6만 가지 생각을 하는데 이 중 75%인 3만 내지 4만 가지가 부정적 생각이라고 한다. 의식적으로 생각을 통제하지 않으면 사람은 자연적으로 부정적인 생각을 하게 된다는 것이다. 무관심하게 생각을 방치해 버리면 나중에는 부정적인 생각이 마음을 점령해 버린다.

부정적인 생각은 사람을 스트레스와 우울증에 빠뜨린다. 스트레스에 눌리다가 우울증으로 발 전해서 나중에는 자살하기에 이른다.

부정적인 생각을 긍정적으로 돌려야 하는 이유는 너무나 명확하다. 긍정적인 생각 속에는 웃음이 들어 있다. 밝은 면을 보고 좋은 결과를 예측할 때 웃음이 피어난다. 의도적으로 이렇게 해야 한다. 이렇게 하는 것이 스트레스와 우울증이라는 죽음의 복병으로부터 자신을 구하는 길이다.

사람은 웃지 않으면 죽는다. 그래서 신은 인간에게 웃음이라는 강력한 치료제를 주신 것이다. 링컨은 말하기를 "내가 웃을 줄 몰랐다면 스트레스에 눌려 벌써 죽었을 것이다."라고 했다. 링컨만 그런 것이 아니다. 스트레스가 세상을 살아가는 모든 인간이 당하는 죽음에 이르는 병이라면 웃음은 신이 마련해 준 최고의 치료제다.

사람이 평생 웃는 시간이 얼마나 될까? 아이들은 하루 평균 300~600번 웃는다. 성인은 7~10번 정도만 웃는다고 한다. 하루에 웃는 시간은 고작 2분뿐이라고 한다. 평균수명을 80세라고 가정할 때 평생 웃는 시간이 40일 정도밖에 되지 않는다. 이에 반해 근심, 걱정, 염려하는 데 보내는 시간은 무려 7년 6개월이나 된다고 한다.

이 통계를 살펴보면 사람이 왜 불행한지 단박에 깨달을 수 있다. 웃지 않기 때문에 불행한 것이다. 웃는 것이 습관 된다면 지금보다 훨씬 행복해질 수 있다. 웃음은 엄청난 긍정적 에너지다. 웃음은 죽어가는 몸도 살리는 생명의 에너지다.

미국의 평화운동가 노먼 커즌스(1912~1990, 언론인, 1990년 알버트 슈바이처상 수상)는 1964년 강직성 척수염에 걸려 관절 마디마다 염증이 생기고 나중에는 손가락 하나도 까딱하지 못하게 되었다. 통증이 심해 잠도 잘 수 없었다.

고통으로 하루하루를 지옥처럼 보내던 어느 날, 텔레비전에서 코미디 프로 〈막스 브라더스〉와 〈몰래 카메라〉를 보게 되었다. 얼마나 재밌게 보았는지 시간 내내 웃었다. 눈물이 쏙 빠질 정도로 신나게 웃었다. 그리고 나서 그날 밤 잠을 자는데 신기하게도 통증이 없었다. 그는 10분 정도 실컷 웃고 난 후에 몸이 가뿐해지고 통증이 줄어들어 2시간 정도는 편안히 잘 수 있다는 것을 체험했다.

이 경험으로 인해 비디오점에서 모든 코미디 테이프를 빌린 후 병원에서 호텔로 병실을 옮기고 하루 종일 코미디를 보면서 웃기 시작했다. 조금 덜 웃겨도 적극적으로 열심히 웃었다. 그렇게 웃기 시작한 지 8일 만에 손가락 하나를 통증 없이 움직일 수 있게 되었다.

그는 계속 웃었다. 억지로라도 웃었다. 웃음은 그에게 엄청난 긍정적인 에너지를 주었다. 웃는 동안 그는 점점 건강을 회복하고 강직성 척수염에서 완전히 빠져나올 수 있었다. 놀라운 경험이었다. 나중에는 골프와 승마를 할 만큼 건강해졌다.

그는 자신의 경험을 바탕으로 1968년《질병의 해부》라는 책을 썼는데, 40주나 베스트셀러에 올랐다. 1979년에는《웃음의 치유력》이라는 책을 써서 웃음의 치유력이 얼마나 놀라운지 사람들에게 알리기도 했다.

그 후 왕성한 활동을 하다가 말년 12년은 캘리포니아대학 의과대학 교수로 재직하면서 웃음이 건강에 미치는 영향을 연구해 의학계에 지대한 공헌을 했다. 그는 78세까지 건강하게 살았다.

일본의 물 연구가 에모토 마사루(1943~2014)는《물은 답을 알고 있다》라는 책에서 재미있는 실험을 소개하고 있다. 두 개의 병에 각각 물을 담아 놓고 한쪽 병에는 항상 긍정적인 말을 해 주었다.

"사랑한다. 행복하다. 나는 너는 좋아한다. 기분이 좋다."

그리고 반대쪽 물병에는 부정적인 말을 했다.

"널 미워해, 꼴도 보기 싫어. 그것밖에 못해. 난 기분이 우울해."

그런 후에 전자현미경으로 물 결정체를 들여다보았더니 놀라운 현상이 생겼다.

긍정적인 말을 해 준 물의 결정체는 육각형의 완전체를 이루며 영롱히 빛났다. 그런데 부정적인 말을 해 준 물의 결정체는 깨친 유리처럼 산산조각나 있는 것이다.

이 실험의 결과가 왜 중요한가? 인체는 70%가 물이기 때문이다. 몸이 건강하고 활력이 넘치려면 몸이 품고 있는 물이 건강해야 한다. 그런데 사람들은 불평, 원망, 짜증, 자기혐오, 절망, 우울한 말들을 날마다 자신에게 한다. 그러니 몸속에 있는 물이 어떻게 온전할까? 물 결정체가 완전히 조각나 버리는 것이다. 몸의 70%가 깨져 버렸는데 건강할 수 있을까?

고혈압, 당뇨, 콜레스테롤, 신경통, 각종 암 같은 질병이 몸속에서 발생하는 것은 이상한 일이 아니다. 몸의 70%가 날마다 깨진 채로 살아가는데 어떻게 건강할 수 있는가? 그러니 웃어야 한다. 웃음은 최고 치료제다.

병에 담긴 물이 긍정의 언어를 듣고 완전한 조직으로 찬란한 빛을 낸다면 내 몸이 품고 있는 물이라고 다를까. “나는 행복하다.” “기분이 좋다.” “오늘은 모든 일이 잘 된다.” “할 수 있다.” 이렇게 말하는 순간 얼굴에 웃음이 피어난다.

웃으면 당신 몸의 70%를 차지하는 물이 기뻐하며 춤을 춘다. 물이 완전체가 되고 영롱한 빛을 발한다. 당연히 몸은 건강해지고, 얼굴에는 윤기가 생기고, 세포마다 활력이 넘친다. 긍정적인 언어와 웃음은 죽을 몸도 살릴 뿐 아니라 우리 인생 전체를 살리는 생명의 에너지인 것이다.

이 모든 것이 무리의 법칙과 통한다. 이 외에도 동일한 것을 끌어당기는 무리의 법칙이 적용되는 예는 무수히 많다. 긍정적인 말을 하고 잘 웃는 사람이 성공과 행복을 이룬다. 이는 추상적인 논리가 아니다. 동일한 것을 끌어당기는 에너지의 법칙에 따른 논리다.

이제 칠면조의 무리를 떠나 독수리의 무리로 들어가기로 결심하라. 결심하고 즉시 행동으로 옮겨라. 지금 부정적인 생각과 이별하라. 부정적인 사람과 단절하라.

방법은 긍정적인 생각, 긍정적인 말을 의도적으로 선택하는 것이다. 이런 면모가 쌓이다 보면 주위에 긍정적인 에너지를 가진 사람이 모이게 된다. 그리고 그것들이 에스컬레이팅을 해서 당신의 인생을 더 성공적으로 만들어 주고 더 행복한 곳으로 이끌어 준다.

일을 위해 비판적인 시각마저 버리라는 것은 아니다. 그러나 비판 주도적인 인생은 되지 마라. 불평 한 마디 하지 않고 살 수는 없다. 그러나 불평 주도적인 인생은 안 된다. 가끔 한숨도 나오고 우울한 마음이 들 때도 있을 것이다. 그러나 말 그대로 가끔만 그렇게 하라.

언제나 긍정적인 것이 당신 인생에서 주도권을 쥐게 하라. 긍정적인 것을 생각하고 긍정적인 것을 말하라. 그리고 웃어라. 동일한 것을 끌어당기는 에너지의 법칙은 정확하게 작용한다. 독수리의 무리 속에서 독수리가 되어 있는 당신 자신을 보게 될 것이다.

2. 목표의 법칙

: 마음이 진정 원하는 것이어야 열정이 타오른다

로버트 프로스트의 〈가지 않는 길〉이라는 시가 있다. 시에는 훗날을 기약하며 한 길을 남겨 놓았다는 구절이 있다. 그러나 시인은 너무 멀리 가 버려서 훗날을 기약한 길을 걸을 기회를 갖지 못했던 것 같다. 그리고 그것이 자신의 인생을 완전히 바꾸어 놓았다고 고백한다. 시의 마지막 부분을 인용해 본다.

'오랜 세월이 지난 후 나는
한숨지으며 말할 것입니다.
숲 속에 두 갈래 길이 있었고
나는 사람이 적게 간 길을 택했다고

그리고 그 때문에 모든 것이 달라졌다고.'

자신의 인생에 후회가 없는 사람은 없을 것이다. 누구나 한번쯤은 '내가 다시 인생을 산다면…'이라는 가정을 해 본다. 인생을 원 없이 살았다고 말하는 사람은 성인이거나 거짓말쟁이거나 둘 중 하나다.

인생은 한 번 살면 돌아올 수 없는 길이다. 그러나 나중에 한숨과 후회만 남는 인생이라면 지나온 삶이 억울하지 않겠는가? 대부분의 사람은 100% 만족은 아니어도 세월이 지난 후 '나는 행복했습니다.'라고 말할 수 있는 인생을 살기 원할 것이다.

어떻게 하면 행복했다고 말할 인생을 살까? 질문은 거창하지만 대답은 간단하다. 자기 인생을 사는 것이다. 남을 위해 살지 말고, 누군가의 그림자를 따라가는 인생 말고 마음이 원하는 것을 하는 인생을 살라는 것이다.

부모의 소원이나 사회의 요청에 따라 사는 것은 남의 인생을 사는 것이다. 그런 삶은 당신을 이 세상에 보낸 신의 뜻이 아니다. 80억 명 중에 유일한 존재로 당신을 세상에 보낸 것은 당신 마음이 원하는 것을 따라 당신만의 인생을 살라는 신의 뜻이 담겨 있다. 그 일에서 행복을 느끼는 인생이 진짜 당신 인생이다.

우리나라는 엄청난 경제적인 성과를 이루었다. 그런데 국민들의 행복지수는 밑으로 추락했다. 이유가 무엇인가? 남의 인생을 살고 있기 때문이다. 남의 인생을 사니 열심히 살아도 행복하지 않은 것이다. 행복은 나의 인생을 살 때 온다. 마음이 소원하는 것을 따라서 사는 인생, 그것이 바로 당신 자신의 인생이다.

마음이 원하는 것을 사람들은 꿈이라 부르기도 한다. 꿈이 구체화되면 목표가 된다. 나의 인생을 살려면 꿈이 있어야 한다. 인생의 목표를 한 문장으로 요약할 수 있다면 당신은 당신 자신의 인생을 살고 있다는 증거를 가진 것이다.

과로사라는 것이 있다. 그런데 의사들에 말에 의하면 엄밀한 의미에서 과로사는 없다고 한다. 사람이 일을 많이 해서 죽는 법은 없다. 발명가 토머스 에디슨(1847~1931)은 하루 18시간 일했다. 진작 죽어야 했겠지만 80세가 넘도록 살았다. 죽기 3일 전까지 매일 18시간씩 연구를 했다고 전해진다.

사람들은 일이 많아서 피곤하다고 생각한다. 그렇지 않다. 일에 대한 스트레스 때문에 피곤한 것이다. 일을 억지로 할 때 스트레스가 쌓이고, 스트레스는 과한 피로감을 몰고 온다.

우리나라가 스트레스 왕국이 된 것은 그만큼 사람들이 일을 억지로 하고 있다는 증거다. 자신의 일을 해야 하는데 마음에 닿지 않는 일을 하니 스트레스가 쌓이는 것이다. 마음이 원하는 일을 하면 스트레스가 쌓이지 않는다.

아이들을 생각해 보면 명확해진다. 아이들은 하루 종일 놀아도 피곤하지 않다. 놀다가 스트레스 받는 법이 없다. 어릴 때를 생각하면 구슬 하나로, 딱지 하나로, 손바닥만한 돌 하나로 하루 종일 놀았다. 여자아이들은 작은 돌 몇 개로 공기놀이를 하며, 긴 고무줄 하나로 줄넘기를 하며 하루 종일 놀았다.

오늘도 마찬가지다. 노는 방법만 바뀌었지 노는 것에 스트레스를 받는 아이들은 없다. 아이들이 하루 종일 게임을 하고 나서 "하루 종일 게임을 했더니 스트레스가 너무 쌓였어." "너무 열심히 놀았더니 피곤해. 내일은 노는 걸 좀 쉬어야겠어." 같은 말을 하는 것을 본 적이 있는가? 오늘 지치게 놀아도 내일이면 새 힘이 나서 또 논다. 이유가 무엇인가? 노는 것이 재미있기 때문이다. 모든 아이들에게 노는 것은 마음이 원하는 일이기 때문이다.

좋아하는 일을 하면 피곤하지 않다. 몇 시간 동안 땀을 뻘뻘 흘리고 집중해도 스트레스가 쌓이지 않는다. 오히려 창의력이 넘친다. 기발한 생각이 터져 나온다.

성인도 똑같다. 마음이 원하는 것을 하면 이렇게 일할 수 있다. 일하면서 자유를 경험한다. 일하면서 새 힘이 솟는다. 내일 빨리 일어나 일하고 싶어진다. 일하면서 행복해진다.

30대이고 이미 한 직종의 일을 하고 있고, 좀 맞지 않지만 먹고살기 위해서라도 그 일을 해야 하는데 어쩌라는 건가. 당신은 이미 30대가 아니고 아직 30대다. 30대 10년 계획을 세운다면 자신에게 잘 맞고 힘들어도 즐겁게 할 수 있는 일을 찾을 수 있을 것이다. 이미 당신 마음에 있을 수도 있다. 한 번에 바꾸기 힘들다면 현재 일을 하면서 진정으로 하고 싶은 일을 위한 준비와 노력을 해 나가라.

그래도 자신 없다면 여전히 같은 일을 하며 스트레스 받고 있을 40대 이후를 생각하라. 변화가 결코 쉬울 수는 없다. 자신을 위해 헌신해야 변화를 이룰 수 있다. 그런 노력도 없이 변화를 이룰 수는 없다. 현실의 일에 불만을 갖지 말든가(그래야 스트레스를 덜 받을 것이다) 변화 앞에서 서든가 선택해야 한다.

캘리포니아에 사는 10세 소년이 한 가지 목표를 세웠다. 미식축구에서 가장 뛰어난 러닝백인 짐 브라운(1936~)의 사인을 받는 것이 꿈이었다. 그런데 사실 소년은 그럴 여건이 못 되었다. 빈민가에 살고 영양실조에 구루병까지 겹쳐 활처럼 휘어진 앙상한 다리를 쇠로 만든 부목으로 지탱하고 다녔던 소년은 경기장에 들어갈 표를 살 돈이 없었다.

소년은 경기가 끝날 때까지 선수 출입구 근처에서 기다렸다. 마침내 짐 브라운이 나타나자 공손하게 사인을 부탁했다. 사인을 받아든 소년은 이렇게 말했다.

"브라운 아저씨. 저는 방의 벽에 아저씨의 사진을 걸어 놓았어요. 아저씨가 최고 기록을 모두 가지고 있다는 걸 알아요. 아저씨는 제 영웅이에요."

짐 브라운이 미소를 지으며 그 자리를 떠나려고 할 때 소년은 다시 말했다.

"언젠가 저는 아저씨가 가진 모든 기록을 깨고야 말 거예요."

깊은 인상을 받은 짐 브라운이 물었다.

"꼬마야, 네 이름이 뭐니?"

"오리엔탈 제임스예요."

나중에 오리엔탈 제임스는 미식축구 선수가 되었다. 미식축구를 그만두는 날까지 마음에 다짐했던 짐 브라운의 세 가지 기록을 모두 경신했다. 이 꼬마는 자신의 마음이 원하는 것을 알고 있었다. 그리고 그것을 구체화해서 목표로 정했다.

목표를 세우는 것이야말로 인생에 강력한 동기 부여가 된다. 목표를 세우면 그때부터는 목표가 인생을 이끌어 간다. 구체화된 목표는 열정에 불을 붙인다. 열정은 마음속에 타오르는 불이다. 열정은 목표를 이루기까지 쉼 없이 전진하게 하는 힘이다.

열정은 노력으로 발생시킬 수 있다거나 결심으로 유지할 수 있는 성질의 것이 아니다. 열정은 진정으로 원하는 것을 찾아 목표로 설정할 때 그곳에서 타오르는 불꽃이다.

이 세상 최고의 파산자는 열정을 상실한 사람이다. 모든 것을 잃었다 해도 열정만 상실하지 않으면 그는 다시 일어설 수 있다.

자동차의 아버지라 불리는 헨리 포드(1863~1947, 포드 자동차

설립)는 모든 국민이 싼 값에 구입할 수 있는 빠른 이동수단을 만드는 것이 꿈이었다.

포드는 농부의 아들로 태어났지만 소년 시절부터 기계에 흥미를 가져 학업을 중단하고 15세 때 기계공이 되었다. 1899년까지 디트로이트의 한 자동차 관련 회사에서 기술책임자로 일하다가 나와서 1903년 동업자와 함께 자본금 10만 달러로 포드 자동차를 설립했다.

포드는 경주용 차와 양산 대중차를 만들려 했는데 엔진 개발에 계속 실패했다. 그러나 분명한 목표에서 나오는 포드의 열정은 아무도 멈출 수 없었다. 그는 계속 시도했고 결국 세계 최초의 양산 대중차 T형 포드를 만들어 냈다.

왜 포기하는가? 열정이 부족하기 때문이다. 왜 열정이 소멸되는가? 목표가 분명하지 않기 때문이다. 왜 목표가 분명하지 않은가? 마음이 진정으로 원하는 것이 무엇인지 진지하게 자문 하지 않았기 때문이다.

마음이 원하는 것! 나에게 도대체 그것은 무엇인가? 그것을 찾아야 한다. 그때부터 진짜 당신 자신의 인생이 시작되는 것이다.

벌써 나이가 30대인데 새삼 그렇게 해야 하나? 이런 의구심이 든다면 잠깐 멈추어 생각해 보자. 당신이 사용하는 '부사'부터 바꾸어야 한다. 당신은 벌써 30대가 아니라 아직 30대다. 40대 이후 남은 인생이 50년이다. 살아온 인생보다 남은 인생이 훨씬 많다.

그렇다면 이렇게 계속 살아도 되는 것인가? 이렇게 살다가 인생을 끝낼 것인가? 체념하고 포기하기에는 너무 이른 나이가 아닌가?

분명하지 않은 목표로 계속 살아가는 것은 당신 인생에 대한 무관심이요 폭력이다. 계속 그런 식으로 당신의 30대에 폭력을 가해 보라. 40대 이후 당신의 인생은 불행에 빠질 가능성이 크다.

어떻게 해야 할까? 진지하게 질문하는 것이다. 마음이 진정으로 원하는 일이 무엇인가? 이 물음에 답을 찾고 그것을 구체화시켜 목표를 정하는 것이다. 지금 시작해도 늦지 않다. 30대의 나이는 당신이 살아갈 40대 이후 50년에 비하면 아직 청춘에 불과하다.

물리학에는 임계점이라는 것이 있다. 어떤 물체가 변화를 일으키려면 한계점에 이르러야 하는데 그 지점을 임계점이라고 부른다. 물은 임계점에 이르면 액체가 기체로 변한다. 비행기는 임계점에 이르면 공중으로 날아오른다.

임계점은 변화의 지점이다. 임계점을 결정하는 요소에는 두 가지가 있는데 하나는 에너지이고 다른 하나는 시간이다. 임계점에 이르려면 충분한 에너지를 지속적으로 공급해 줘야 한다.

물이 끓는 임계점은 100도다. 물이 끓어 기체로 바뀌려면 계속 에너지를 공급해야 하고 그와 동시에 충분한 시간이 필요하다. 비행기의 임계점은 바퀴가 활주로에서 떨어져 날아오르는 순간이다. 경비행기는 시속 250km 정도이고, 대형 여객기 같은 경우는 시속 300km라고 한다.

물이 끓는 것도 비행기가 날아오르는 것도 관건은 임계점에 이를 때까지 충분한 에너지를 충분한 시간 동안 공급해야 한다는 것이다. 둘 중에 어느 하나라도 부족하면 임계점에 이르지 못한다.

미국의 작가이자 호텔 경영자였던 오리슨 스웨트 마든(1850~1924)은 뉴햄프셔의 가난한 농사꾼의 아들로 태어났다. 세 살 때 어머니가 죽고 일곱 살 때 아버지마저 잃었다. 친척집에 맡겨진 그는 어릴 때부터 생계를 위해 허드렛일을 하면서 돈을 벌어야 했다.

나무를 자르는 제재소에서 사환으로 일하던 그는 우연히 사무엘 스마일스의 《Self help(자립)》라는 책을 읽고는 자신의 미래를 결정하게 되었다. 열일곱의 나이에 이미 '사람들에게 삶의 방향을 잡아주는 인생을 살겠다.'라는 결심을 했다.

이것이 목표가 되어 마음에 희망을 불어 넣는 글을 쓰기 시작했다. 텅 빈 주머니 사정 때문에 말 보관소 2층에 방을 잡고 글 쓰는 것에만 매달렸다. 밤낮으로 매달린 끝에 1년 만에 원고가 완성되었다. 마지막 장을 쓰고 나서 허기를 채우기 위해 밖에 나가 식사를 했다. 식사를 끝내고 돌아오는데 묵고 있던 말 보관소가 화염에 휩싸여 무너져 내리고 있는 것이 아닌가? 800페이지가 넘는 원고가 불길 속에 사라져 버렸다.

그가 절망했을까? 아니다. 그는 다시 한 해를 보내면서 원고를 써 나갔다. 원고를 완성한 그는 여러 출판사를 찾아다니며 출판을 의뢰했지만 가는 곳마다 거절당했다. 수십 군데 출판사로부터 거절을 당한 후 원고는 서랍 속에 묻혀 잠자고 있었다. 얼마나 세월이 흘렀을까? 우연히 친구를 만나게 되었는데 마침 친구가 출판업과 관련된 일을 하고 있어서 원고를 보여주게 되었다. 원고를 읽은 친구는 당장 출판사와 연결시켜 주었다.

얼마 후 《Pushing to the front(앞으로 밀고 나가다)》라는 제목의 책이 세상에 나왔다. 책은 베스트셀러가 되었다. 또한 기업가와 정치가들로부터 20세기를 이끌어 줄 지도적인 책이라는 찬사를 받았다. 헨리 포드, 토마스 에디슨, J. P. 모건 같은 사람들이 이 책에 큰 영향을 받았다고 고백했다.

마든은 목표를 분명히 하고 화제로 잃어버린 시간을 포함해 지속적으로 에너지를 바쳤다. 그는 작가로 성공하기까지 목표의 법칙에 충실했다.

쉽게 이루어지지 않는다고 포기했다면 세상에 존재하는 것들의 대부분은 지금 없었을 것이다. 인생에는 오르막도 있고 내리막도 있다. 장애물도 있고 방해꾼도 있다. 마음에서 일어나는 낙심과 절망 같은 복병도 있다. 그러나 어려움은 누구나 당하는 것이고, 실패는 다반사다.

토머스 에디슨은 전구를 발명할 때 너무 많은 실패를 했다. 그 모습에 조수가 그만 포기하자고 했다. 그때 에디슨은 이렇게 대답했다.

"내가 실패할 때마다 전구에 불이 들어오지 않을 가능성이 하나씩 사라지는 것이 아닌가? 그만큼 성공에 한 걸음 더 가까이 갔다고 할 수 있지."

열정과 시간이 만나면 못 이룰 일이 없다. 실패는 단지 시간이 좀 더 걸린다는 것일 뿐 다른 어떤 의미도 없다. 실패가 불가능의 동의어인 것은 아니다. 목표만 분명하다면 식지 않는 열정이 목표한 그 지점으로 당신을 이끌어 가고야 만다.

30대에는 목표를 구체화하고 성숙을 이루어 가야 하는 시기다. 목표를 한 문장으로 적을 수 있다면 더 없이 좋다. 그 목표는 당신에게 열정을 일으킨다. 열정은 당신을 활활 타오르게 하고 충분히 오랫동안 지속하도록 만들어 준다. 중요한 것은 목표다. 당신 마음이 원하는 것을 따라가고 있다면 당신은 결국 그 지점에 도달할 것이다.

3. 바라봄의 법칙

: 보는 자는 얻고 보지 못하는 자는 얻지 못한다

한 어머니가 상담사를 찾아왔다. 남편이 항해사였는데 바다에 나갔다가 태풍을 만나서 실종되었다. 몇 년이 되어도 돌아오지 않으니 죽은 것이 분명했다. 그 후로 어머니는 바다가 싫어졌고 아들들에게 항해사는 절대로 되지 말라고 했다.

그러나 세월이 흐른 뒤 첫째 아들이 항해사가 되었다. 그리고 바다에 나갔다가 아버지처럼 실종되었다. 어머니는 가슴이 무너졌다. 남편이 원망스러웠다. 왜 항해사여서 아들까지 데려갔느냐고 원망했다. 남은 두 아들에게 항해사는 절대로 안 된다고 했다.

세월이 지나 성인이 된 둘째 아들도 아버지와 형처럼 항해사가 되었다. 어머니는 매일 조마조마한 마음으로 아들을 바라보아야 했다. 몇 년이 지나 둘째 아들이 항해를 나간 날 기상이 악화되었고 그 역시 태풍 속에서 실종되었다.

어머니는 눈앞이 노래졌다. 더 큰 문제는 남은 막대아들마저 항해사가 된다고 하면 어떻게 하나 하는 우려였다. 날마다 가슴을 조아렸다. 아버지와 형들이 모두 바다에서 죽었으니 너만은 절대로 안 된다고 신신당부했다.

그런데 얄궂게도 막대아들마저 어른이 되면 항해사가 될 것이라고 했다. 그 상황에 어머니가 상담을 온 것이다. 상담사는 이 특별한 케이스를 해결하기 위해 그녀의 집을 방문했다. 거실 벽에 너무나 멋진 사진 하나가 걸려 있었다.

사진 속의 남자는 마도로스 차림에 선글라스를 쓰고 파이프 담배를 문 모습으로 배의 키를 잡고 있었다. 머리는 바람에 날리는 파이프 연기와 함께 멋지게 흩어지고 있었다. 남편을 잊지 못했던 여자가 생전의 남편 사진을 확대해서 거실에 걸어 놓은 것이었다. 아이들은 그 사진을 보며 항해사에 대한 동경에 빠진 것이었다.

상담사는 여자에게 당장 사진을 치우라고 했다. 그리고 아름다운 시골집과 전원적인 풍경이 담긴 그림을 대신 걸어 놓게 했다.

마도로스 아버지의 사진이 없어지자 막내아들은 항해사가 되겠다는 말을 더 이상 하지 않았다. 그리고 세월이 흐른 후 어머니와 함께 시골에서 농사를 짓는 소박한 농부가 되었다. 어머니가 벽의 그림을 바꿈으로 해서 막내아들의 운명이 바뀐 것이다.

위의 이야기가 단순히 우연이라고 생각하면 틀렸다. 사람은 보고, 듣고, 냄새 맡고, 촉각으로 느끼는 것을 통해 정보를 받아들이고 영향을 받는다. 이것을 오감이라고 한다.

그중에 가장 큰 비중을 차지하는 것이 시각이다. '몸이 백 냥이면 눈이 팔십 냥이다.'라는 말이 괜히 있겠는가? 시각이 절대적이라는 건데 사람은 보는 것을 따라 움직이고, 무엇이든 지속적으로 바라보면 그것이 운명을 결정한다.

어린 시절, 이런 일이 있었다. 옛날에는 어른들이 모여서 화투를 많이 쳤다. 특히 우리 집은 노동자들 하숙을 치는 일을 했기 때문에 휴일이면 늘 둘러앉아서 화투 치는 모습을 자주 봤다. 그러다 보니 동네 아이들도 곧잘 화투를 가지고 놀았다. 고스톱도 배웠다.

하루는 또래들과 친구네 집에 모여 고스톱을 했다. 기껏해야 10원짜리가 오고갔지만 돈이 바닥날 때가 있다. 그런데 우리가 모인 그 집에 사는 아이가 돈이 떨어지자 부모님의 옷을 뒤져서 200원을 찾아내는 것이 아닌가?

나는 그때 엄청난 발견을 했다. '돈이 없으면 아빠 엄마 주머니에서 꺼내 쓰면 되는구나.' 그때부터 눈으로 보고 배운 것을 잘 실천했다. 걸핏하면 부모님 주머니를 뒤져서 돈을 훔쳤다. 1년 이상 지속한 것 같다. 엄마가 주머니에 넣어둔 몇 백 원이 없어졌다고도 하고, 어떤 때는 지폐가 없어졌다고 했다. 그때마다 나는 괜히 큰 소리를 치면서 돈을 잘 보관하지 맨날 그러느냐고 짜증을 냈다.

꼬리가 길면 밟힌다고 드디어 들통이 났다. 하루는 아버지 주머니를 뒤지니 2,000원이 있었다. 당시로는 큰돈이었다. 거의 1년 이상 돈을 훔치면서 간이 커진 나는 2,000원을 훔쳐서 학교에 갔다. 친구들과 함께 문방구에 가서 실컷 사 먹어도 돈의 절반인 1,000원도 쓸 수 없었다. 훔친 돈이지만 아끼자는 마음에 남은 돈을 저금통에 넣어서 책상 위에 올려놓았다.

그러다 아버지한테 들켜서 죽지 않을 만큼 맞았다. 나는 내 잘못은 생각하지 않고 맞은 것이 분해서 혼자 씩씩대다가 잠이 들었다. 내 잘못보다 아버지의 매질이 심했다는 억울함 같은 것이 있었다.

잠결에 아버지의 울음소리가 들렸다. 아버지의 눈물이 내 얼굴과 이마에 하염없이 떨어졌다. 아버지는 숨죽여 울면서 기도를 하고 계셨다. 아들을 위해 간절히 기도하는 아버지의 눈물에 잠이 깨었다. 새벽쯤이었나. 나는 아버지와 함께 주체하지 못하고 울었다.

그 후로 나의 도벽은 사라졌다. 1년이 넘은 습관이라 고치기 쉽지 않았을 수도 있다. 다시 한두 번 정도 반복할 수도 있다. 그러나 나는 그날 이후 다시는 부모님의 주머니에 손을 대지 않았다. 뿐만 아니라 그런 생각조차 들지 않았다. 마치 훔치는 것에 전혀 경험이 없던 것처럼 자유를 얻었다.

아버지의 기도와 아들을 위해 흘린 눈물의 힘이었다. 그날 밤 아버지의 기도와 눈물이 아니었다면 매질은 나를 결코 고치지 못했을 것이다. 그리고 나는 지금쯤 도둑이 되어 감옥에 가 있을지도 모를 일이다.

나는 이 사건을 통해서 시각이 사람에게 얼마나 큰 영향을 미치는지 직접 경험했다. 친구의 도벽을 보고 따라하게 됐지만 아버지의 눈물을 보고 진심으로 잘못을 깨닫게 됐다. 좋을 것이든 나쁜 것이든 눈으로 보면 영향을 받게 된다.

사람들은 이런 오해를 한다. 나쁜 것을 보여주며 경계를 삼으면 되지 않을까? 그러나 나쁜 것을 보는 순간 그것이 마음에 기억으로 남는다. 나쁜 기억은 생각에 영향을 미치고 그것은 부정적인 에너지를 형성한다.

에너지는 동일한 것을 끌어당기는 성질에 의해 그것을 고스란히 당사자에게 안겨 준다. 그래서 나쁜 것을 보는 위험하다. 사람은 나쁜 것을 보면 경계를 삼는 것이 아니라 그것을 따라하기 쉽다. 더구나 지속적으로 바라보면 그것이 운명을 결정할 수도 있다.

성경의 창조 이야기를 보면 하나님이 천지를 창조하고 에덴동산을 만들었다. 그리고 동산 중앙에 선악을 알게 하는 나무를 두고 그 열매만은 절대로 먹지 말라고 했다. 그런데 하와가 하나님의 말씀을 어기고 선악과를 따먹었다. 성경은 뱀이 하와를 꾀었다고 들려준다.

그런데 그 방법이 굉장히 전략적이다. "하와야, 따먹어." 이렇게 말하지 않았다. 창세기 3장 6절에는 이렇게 기록되어 있다.

'여자가 그 나무를 본즉 먹음직도 하고 보암직도 하고 지혜롭게 할 만큼 탐스러운 열매인지라.'

뱀이 하와에게 쓴 방법은 나무를 보도록 한 것이다. 처음에는 이렇게 말했을 것이다. "그냥 한 번 보기만 해." 하와는 속으로 대답하기를 '그래. 단지 보기만 하는 것은 괜찮겠지.' 했을지 모르겠다. 여기에서 모든 불행이 시작되었다.

하와는 나무를 보았다. 그리고 다음날도 나무를 보았다. 이것이 반복되어 계속 바라보는 동안 먹음직하고 탐스러운 열매가 하와의 마음을 사로잡아 버린 것이다. 이미 마음이 넘어가 버렸다. 행동으로 옮기는 것은 시간문제다. 결국 나무 열매를 먹고 에덴동산에서 쫓겨나는 비극을 맞이하게 되었다.

아무것이나 보는 것은 아무것이나 먹는 것과 똑같다. 쓰레기통을 뒤져서 썩은 음식을 먹는 사람은 없다. 그런데 쓰레기를 닮은 사람이나 그런 사물을 보면서 마음에 담는 사람들이 의외로 많다. 찰나의 유혹적인 것, 노력 없이 얻으려는 탐심, 조금 해 보다가 쉽게 포기하는 마음, 어쩌다 운 좋은 사람들에 대한 부러움 같은 것들이다.

몸에 좋을 것을 먹으면 몸이 건강해지듯이 눈으로 좋은 것을 보면 마음이 건강해진다. 마음이 건강해지면 일에 임하는 태도가 달라진다.

바라보되 긍정의 것을 바라보아야 한다. 꼭 이루고 싶은 일, 마음에 품고 있는 자신만의 로망이 그런 것이다. 그것이 구체화된 목표를 바라본다면 더욱 좋다. 이것을 날마다 상상하고 지속적으로 바라보라.

그런데 사람들은 원하는 것이 있으면서도 의외로 곧잘 반대쪽을 바라본다. 성공을 원하면서도 실패하면 어쩌지 하고 그쪽을 바라본다. 행복을 원하면서도 불행해지면 어쩌지 하고 그쪽을 바라본다.

전심을 다해서 바라보고 달려가도 모자랄 시간에 반대쪽을 바라보느라 에너지를 낭비해 버린다. 자신도 인식하지 못하는 사이에 그렇게 하고 있다. 부정적인 시각이 습관이 되어 버렸기 때문이다. 이런 식의 부정적 습관은 인생에 도움이 되지 않는다.

어떤 이는 "그래도 균형적으로 바라보는 것이 좋지 않을까요?"라고 물을 수 있겠지만 이것은 균형 잡힌 시각이 아니라 발목잡기다. 당신은 지금 더 나은 내일을 향해 걸음을 옮기고 있는 중이다. 당신에게 필요한 것은 자신에 대한 의심이 아니라 목표를 향한 집중력이다.

마음이 원하는 목표를 세우고 그것을 이룬 자신의 모습을 상상하고 바라본다고 성취에 진짜 도움이 될까 의심하는 마음이 있다면 정말 해 보라고 말하고 싶다. 이는 수많은 성공인이 결과로 입증하는 이론이다.

한 가지 더. 바라보되 지속적으로 바라보아야 한다. 아침에 일어나면 제일 먼저 당신의 목표를 바라보라. 목표를 성취한 자신을 바라보라. 시간이 많이 걸리는 것도 아니다. 좋은 방법 중 하나는 목표를 성취한 글귀를 걸어 놓는 것이다.

생활하면서 잠깐씩이라도 자주 바라보라. 낮 시간에 점심을 먹고 잠시 의자에 기대어 목표를 성취한 모습을 상상하라. 잠깐 선잠에 빠져들어도 좋다. 의식과 무의식의 경계에서 뇌는 당신의 상상을 훨씬 현실적인 것으로 받아들인다.

서울대학교의 황농문 교수는《몰입》이라는 책을 통해 온전한 정신과 졸음 사이를 오가는 반무의식 상태에서는 생각이 오히려 무의식 깊이까지 내려간다고 했다. 비몽사몽의 순간에 뇌의 저장 기관인 측두엽이 더 활발하게 활동하고 생각이 더 잘 저장된다는 것이다.

잠깐씩의 낮잠은 그런 면에 유용하다. 뇌는 사람이 잠잘 때 공부한 것을 정리한다. 잠을 적게 자고 공부한 학생과 6시간 수면을 취하고 낮에 15~20분 정도 자투리 잠을 잔 학생 중 후자가 훨씬 성적이 좋았다는 비교연구 결과가 있다.

잠을 자는 동안 무의식이 활성화되면서 새로운 아이디어가 반짝 떠오르기도 한다. 어느 순간 선잠이 들었는데 잠깐 사이에 반짝 하고 아이디어가 떠오르는 것을 말하는데, 이런 경험은 누구나 가지고 있을 것이다.

바라봄의 법칙을 적용할 때 감정적인 흥분을 함께 경험할 수도 있는데 이는 자연스러운 현상이다. 마음이 원하는 일을 하면서 목표를 성취한 자신을 상상하는데 흥분이 없다면 아마도 그것은 진정으로 당신이 원하는 일이 아닐지도 모른다. 당신이 좋아하는 상대를 생각할 때 흥분이 일어나는 것처럼 당신이 목표를 성취한 것을 상상하는데 흥분이 일어나는 것은 당연하다.

억지로 하는 일에는 이런 흥분이 없다. 남의 기대에 따라 살아가는 인생도 흥분이 없다. 당신이 원하는 일이라면 성취를 상상하는 것만으로도 흥분되고 행복해진다. 이런 현상이 일어나는 이유는 상상하는 그 일이 당신의 마음이 원한 것이기 때문이다.

이미지 코치인 니시다 후미오(1949~ , 산리능력개발연구소 대표)

는《된다 된다 나는 된다》라는 책을 통해 자신이 직접 경험한 이야기를 들려주고 있다.

'뛰어난 비즈니스맨이 되는데 가장 중요한 게 무엇이냐는 질문은 종종 받는다. 국제 감각이니 경기를 예측하는 통찰력이니 해서 제법 근사한 답들을 기대하겠지만 나는 딱 잘라 이렇게 대답한다. "남에게 어떻게 보이는가, 이것이 가장 중요합니다."라고. 이는 위장하라는 말이 아니다. 자신감을 일컫는 것이다. 자기 확신을 의미한다. 목표를 분명히 하고 그 목표를 성취한 자신을 바라보는 것이다. 여기서 긍정의 에너지가 전달된다. 성공한 사람처럼 행동할 때 성공의 에너지가 전달되는 것이다. 이런 사람이 결국 성공한다는 뜻이다.

샐러리맨 중에는 열심히 일하는데도 회사가 인정해 주지 않는다고 불평하는 사람이 있다. 상사가 알아주지 않는다고 투덜거린다. 그러나 불평은 해결책이 되지 못한다. 먼저 당신 자신이 당신 자신을 인정하라. 일을 잘하는 사람으로 인정하고, 과업을 성취한 사람으로 인정하고, 회사로부터 인정받는 사람으로 인정하라.

누군가가 인정해 주기 전에 당신부터 자신을 인정하는 것이다. 실제로 원하는 사람이 된 것처럼 인정하라. 그러면 그것이 외부로도 전달된다. 당신이 실제로 그런 사람이 된 것처럼 인식하면, 에너지가 전달되어 사람들로부터 동일한 인정을 받게 되는

원리다.'

니시다는 꽤 오랫동안 출전 기회를 잡지 못해서 감독과 불화설마저 돌고 있던 프로축구 선수에게는 이런 충고를 했다.

"감독한테 무조건 컨디션이 좋다고 하세요. 아무리 기분 나쁘고 짜증나는 일이 있더라도 감독 앞에서 늘 명랑한 태도를 유지하세요."

선수는 즉각 실행에 옮겼다. 효과는 금방 나타났다. 한 주 만에 시합에 출전하게 되었다. 그가 기회를 잡고 좋은 경기를 보여주자 얼마 안 가 주전 자리를 꿰찼다.

이것은 대단히 실제적이고 중요한 충고다. 사람들은 너무 부정적이다. 스스로를 불신하고 있다. 자신을 메뚜기 정도로 보고 있다. 수풀 속에 숨어 있으면서 세상이 알아주지 않는다고 불평한다. 이래서는 해결책이 나오지 않는다. 확신을 가지고 자신을 믿어라.

당신은 잘할 수 있다. 당신은 당신 일의 전문가다. 열정을 바치고 성과를 낼 수 있다. 당신은 유능한 사람이다. 그러니 이미 그런 사람이 된 것처럼 상상하는 것이 필요하다. 바라봄의 법칙의 원리는 이미 이루어진 것을 상상하는 것이다.

힐튼 호텔의 창업자인 콘래드 힐튼(1887~1979)은 117개 국가에 6,000여 개의 호텔망을 구축한, 가히 호텔왕이라 불릴 만한 사람이다. 그러나 그는 부잣집 출신도 아니고, 학교 교육도 많이 받지 못했다.

호텔 벨보이로 출발한 그는 사람들의 가방을 들어주고, 룸을 청소하고, 뒤치다꺼리를 해 주는 일로 생계를 유지했다. 별 볼 일 없는 호텔 종업원이었다. 그런데 어떻게 호텔왕이 될 수 있었을까?

그에게는 동료들과 다른 것이 하나 있었는데 마음의 소원이었다. 10대 후반에 호텔 벨보이로 일을 시작하면서 분명한 목표를 가졌다. 호텔 사장이 되는 것이었다. 미국에서 가장 큰 호텔 사진을 구해서 책상 위에 붙여 놓고 그 호텔 주인이 된 자신의 모습을 날마다 상상했다. 현실과 꿈의 경계가 모호해질 정도로 강력하게 꿈을 이룬 자신의 모습을 바라보았다.

1919년 힐튼은 텍사스 주에서 자그마한 호텔은 인수하여 첫 영업을 시작했다. 그리고 6년 뒤인 1925년에 댈러스에서 힐튼이란 이름을 내건 호텔을 처음 시작하였고, 1954년 스태틀러 호텔을 인수하면서 동종 업계에서 가장 큰 기업의 주인이 되었다. 훗날 사람들이 성공의 비결을 물을 때마다 그는 똑같은 대답을 했다.

"내가 호텔 벨보이를 할 때 주위에는 나와 똑같은 처지의 벨보이들이 많았습니다. 그들은 나보다 경력이 좋았고, 좋은 대우를 받았습니다. 나보다 열심히 일하는 사람들도 많이 있었습니다. 그러나 그들 중 한 사람도 나처럼 호텔왕이 되겠다고 꿈을 꾸는 사람은 없었습니다. 오직 나 혼자만 호텔 주인이 되는 꿈을 가졌습니다. 나의 동료들은 현실을 바라보았지만 나는 호텔 주인이 된 나의 모습을 바라보았습니다. 그것이 그들과의 차이였습니다."

보는 자는 얻고 보지 못하는 자는 얻지 못한다. 대문호 괴테는 "상대가 더 나은 사람이 되기를 원한다면, 먼저 상대가 더 나은 사람이 된 것처럼 바라볼 수 있어야 한다."라고 말했다. 이 말을 자신에게 적용하면 어떨까? 당신이 더 나은 사람이 되기를 원한다면 더 나은 사람이 된 자신을 먼저 볼 수 있어야 한다.

당신의 현재가 다소 어렵더라도 그건 문제될 게 아니다. 어떤 실패를 했든 어떤 학력을 가졌든 얼마나 형편없는 모습이든 현재의 상태에 발목이 잡혀 있을 필요는 없다. 지금 중요한 것은 무엇을 바라보고 있느냐다. 지금 바라보고 있는 그 모습이 내일 당신이 맞이할 현실이 되기 때문이다. 오늘 바라보는 것이 내일의 당신이다.

4. 성장의 법칙

: 유능함을 이루면 자리는 저절로 따라온다

1980년대 초반에 과학영재 육성이라는 목적 아래 영재들을 발굴한 적이 있다. 지능지수(IQ)가 높은 아이들을 발굴해서 사회 발전에 기여하는 인재로 삼자는 것이었다. 이 프로젝트는 1985년 9월에 시작되었다. 전국에서 144명의 아이들이 선발되었다. 그 면모를 살펴보면 보통 9개월 만에 한글을 읽고 세 살에 천자문을 뗄 정도의 영재들이었다. 평균 아이큐는 142로 체크되었는데 이것은 전국 0.5%의 상위였다.

그리고 세월이 흘러 15년이 지난 2001년에 한 신문사에서 이들을 추적해서 66명을 찾아냈다. 아이들은 자라서 열다섯 살에서 스물한 살이 되어 있었다. 명문 고등학교 또는 일류 대학에 진학해야 마땅할 줄 알았으나 자퇴자, 고졸자, 전문대학 진학자가 적지 않았다는 조사 결과가 나왔다.

지능지수가 인생에서 절대적이지 않다는 것을 증명하는 자료다. 물론 열다섯에서 스물한 살이라는 나이는 인생의 성패를 측정하기에는 너무 이른 나이임에 분명하다. 그 후 20여 년이 지난 지금쯤 한 번 더 조사를 해 봤으면 좋겠지만 아직 그런 자료는 없다. 이들 중에 특별히 두각을 나타낸 사람도 있을 것이다. 그러나 지능지수가 성공으로 인도하는 것은 아니라는 것만은 분명한 사실이다.

미국 코넬대학의 심리학 교수 루스 더스킨 펠드만 박사는 1940년에서 1952년까지 〈퀴즈 키즈〉라는 방송 프로그램에 나왔던 아이큐 160 이상의 아이들을 조사했다. 그 프로그램 출연자 중에는 지능지수가 200을 넘는 아이도 4명이나 있었다.

"1년은 몇 초죠?" "31,536,000초입니다. 아, 윤년이 들어가면 31,536,360초입니다."라고 묻지도 않은 답까지 척척 말했다. 펠트만 박사는 이들을 추적해서 1982년 《퀴즈 아이들은 어떻게 되었을까?》라는 책을 냈다. 30~40년 후에는 어떻게 살고 있을까? 자신의 책에서 조사한 후 결론을 내렸다.

"성인이 된 영재들은 모두 평범한 삶을 살고 있었으며 그들 중 아무도 뛰어나게 성공한 사람은 없었다. 그러므로 성공과 IQ는 아무런 관계가 없다."

인생은 단면이 아니지 않는가? 인생은 지능지수보다 훨씬 복잡한 것들이 얽혀서 이루어진다. 지능지수는 인생의 수많은 면모 중의 한 요소에 불과할 뿐이다.

지능지수가 성공의 절대적인 요소가 아니라면 학력은 성공에 얼마나 큰 영향을 미칠까?

세상에는 1만 분의 1%의 성공자라고 부를 만큼 사람들이 있다. 록펠러, 빌 게이츠 같은 부자, 엔리코 카루소, 마리아 칼라스 같은 성악가, 마이클 조던, 리오넬 메시 같은 스포츠 스타, 스티븐 스필버그, 월트 디즈니 같은 영화인, 아인슈타인, 에디슨, 라이트 형제 같은 과학자나 발명가, IT 시대의 주역인 스티브 잡스, 마이클 델, 마크 저커버그 등이 그런 성공인들이다.

그런데 흥미로운 것은 이들의 성공이 학력과는 무관하다는 것이다. 특출한 성공을 거둔 그들이라면 최고의 학력을 가져야 할 것 같은데 전혀 그렇지 않다. 대학을 졸업한 사람도 있기는 했지만 학교에서의 성적은 평범하거나 오히려 나쁜 쪽이었다. 일류대학을 들어간 경우도 있었지만 중퇴했고, 심지어 초등학교 중퇴자도 있다.

에디슨은 잘 알려진 대로 초등학교 중퇴자다. 빌 게이츠는 하버드대학을, 스티브 잡스는 리드대학을 중퇴했다. 델 컴퓨터를 설립한 마이클 델은 텍사스대학, 페이스북의 마크 저커버그는 하버드대학 중퇴자다. 철강왕 앤드류 카네기와 석유왕 록펠러는 둘 다 초등학교 4학년 중퇴로 학업을 그만두었다.

월트 디즈니도 고등학교 중퇴자인데 성적이 좋지 않았다. 아인슈타인은 대학을 졸업하기는 했지만 고등학교 때까지 성적이 너무 나빠서 가정통신문에 '이 아이는 무엇을 해도 잘될 가망이 없음.'이라고 적혀 있었다 한다. 스티븐 스필버그는 대학을 졸업하기를 했지만 영화와 전혀 상관없는 영문학을 전공했다. 스티브 잡스는 "대학 중퇴는 내 인생 최고의 결정이었다."는 말까지 했다.

영국의 교육학자 켄 로빈슨(1950~)을 비롯해 많은 사람들은 "학교가 창의성을 죽인다."고 주장한다. 로빈슨은 "공교육은 산업 사회의 요구에 맞는 일을 할 사람을 양성하기 위해 만들어졌다."라고 말했다. 사회에 존재하는 다양한 면과 변수들을 가르치기에는 학교가 너무 편협한 제도로 운영되고 있음을 지적한 말이다.

스티브 잡스는 "사회에 나와서 진짜 공부를 할 수 있었고 일찍 사회생활을 시작했기 때문에 성공할 수 있었다."고 자신의 성공 비결을 말했다.

1만 분의 1의 성공자들은 마음이 원하는 것을 따라서 산 사람들이다. 그들은 마음이 원하는 것이 무엇인지 알았고, 구체적인 목표를 정하고 지속적인 발전을 이루었다. 자신의 일과 상관도 없는 학위를 취득하기 위해 시간을 허비하지 않았다.

그들은 자신의 일에 집중하기 위해 다른 모든 부수적인 것들을 가지치기했다. 오로지 마음이 원하는 일에 집중했고, 열정을 바쳤고, 지속적으로 성장하여 전문가의 자리에 이르렀다.

성공한 사람들을 이야기할 때 이것을 기억해야 한다. 단순히 학력이 없어도 성공할 수 있다는 의미가 아니다. 핵심은 이들이 마음이 원하는 것에 집중하고 그것에 열정을 바쳐서 성장했다는 점이다.

성장은 그들을 전문가의 자리에 올려놓았고 지속적인 성장은 그들을 대가의 자리로 도약시켰다. 이런 성장의 과정에서 대학에서 학위를 따거나 학교 성적이 뛰어난 것은 아무런 역할도 하지 못했다. 핵심은 이들 모두 자신이 무엇을 원하는지 분명하게 알고 있었다는 것이다.

LMI(leadership management international)의 설립자인 폴 J. 마이어(1928~2009)는 산호세 주립대학에 다니다가 대량 생산적인 교육에 환멸을 느끼고 중퇴했다. 그런 후 생명보험사에 취직해 세일즈맨이 되었다. 보험을 파는 것이 재미있고 쉬웠다. 그 일이 마음이 원하는 일이었기 때문이다.

그는 보험을 판매하면서 계속 질문을 했다. '나의 어디가 잘못되었나?' 마이어는 이 질문을 통해 자신의 부족한 점을 개선하면서 지속적으로 성장해 나갔다. 그 결과 보험업계의 세일즈왕이 되었다. 이후 마이어는 경험을 통해 얻은 판매 노하우를 다른 사람에게 전하는 프로그램을 만들었다.

'많은 사람들이 나보다 경험도 풍부하고 고등교육도 받았다. 그런데도 어째서 나만이 이렇게 좋은 성적을 올리고 있는 것일까?'

그는 자신의 성공 이면에 있는 성공 요소를 연구하기 시작했다. 이 고민으로 만들어진 것이 SMI(Success Motivation Institute) 프로그램이다. 아래가 그것이다. 어찌 보면 너무 평범하다. 누구는 이렇게 말할 것 같다. 다 아는 얘기인데, 라고.

그러나 아는 것과 실천하는 것은 천양지차다. 고 김대중 대통령은 "행동하지 않는 양심은 양심이 아니다."라고 말했다. 같은 이치로 실천하지 않는 아는 것은 아는 것이 아니다.

마이어는 자신의 프로그램을 5가지로 요약했다. 다시 말하건대 실천을 전제로 읽어 보기를 바란다.

1) 목표를 구체적으로 정하고 종이에 적는다.
2) 목표 달성을 위한 행동 계획을 세우고 달성 기일을 정한다.
3) 목표 달성을 위한 불타는 열정을 늘 각성한다.
4) 열정에 더해 나는 잘할 수 있다는 확고한 자신감을 가진다.
5) 세운 계획에 대해 강한 신념을 계속 유지한다.

그런 후에 마이어는 이 5가지를 다시 한 문장으로 간단하게 정리해서 말했다.

"진정으로 원하는 것을 찾아 그것에 집중하라."

마이어의 말은 결국 진정으로 원하는 것을 선택하라는 것에 닿는다. 그래야 5가지의 성장의 법칙도 깊은 공감을 이룰 것이다.

마이어의 말에 공감한다면 적어도 타인의 평가 따위에는 신경을 꺼라. 너무 많은 사람이 자신의 인생을 타인의 평가에 맡겨 버린다. 학생들에게 교사의 평가는 성적에 관한 것뿐이지 인생과는 아무런 관계가 없다. 그런데 마치 그것이 인생에 대한 평가인양 중요하게 생각한다. 그런 타성이 머리에 깊게 심어져 학교를 졸업한 지금도 여전히 주변의 평가에 매이고 있다.

러시아의 시골마을에 발레리나를 꿈꾸는 소녀가 있었다. 매일 열심히 노력하며 발레리나의 꿈을 키우던 중 그 지역에 당대 최고의 발레리나가 방문한다는 소식을 들었다. 그녀는 기대에 찬 마음으로 유명한 발레리나를 찾아가 테스트를 받았다. 1분 만에 평가가 났다.

"그만. 너처럼 뻣뻣한 아이는 생전 처음 보는구나. 넌 재능이 없어."

이 냉혹한 말 한 마디에 소녀는 발레리나의 꿈을 포기하고 평범한 주부가 되었다. 세월이 흐른 후 다시 그 발레리나가 그 지역을 방문했다. 발레리나의 꿈을 가졌던 평범한 주부는 어린 시절 일을 기억하고 유명한 발레리나를 찾아가 따졌다.

"왜 그때 그렇게 절망적인 말을 했나요? 어떻게 단 한 번에 남의 가능성을 그렇게 알 수 있죠? 당신 때문에 저는 발레리나의 꿈을 포기해야 했어요."

그때 유명한 발레리나가 이렇게 말했다.

"물론 난 신이 아니기 때문에 다 알 수 없어요. 그러나 당신이 남의 말 한마디를 듣고 꿈을 포기했다면, 그것은 원래 당신의 재능이 아니었습니다. 성공할 자격도 애초에 없었고요. 약한 마음으로 말 한마디에 포기를 한다면 아무 것도 이룰 수 없습니다."

진정으로 가고자 하는 길을 선택했다면 남의 평가 따위에 신경을 꺼라. 시작 단계라면 더욱 그렇다. 시작은 형편없어 보여도 나중은 엄청난 결과를 낸 사람이 많다.

역사상 가장 위대한 성악가로 인정받는 엔리코 카루소(1873~1921)는 어린 시절 선생님으로부터 "너는 목에서 쇳소리가 나서 성악가 자질이 없다."는 혹평을 들었다. 그래도 카루소는 노래를 포기하지 않았다. 노래가 아니면 즐거움이 없었다. 그는 언제나 노래를 불렀다. 그렇게 노래 인생을 걸어간 결과, 역사상 가장 멋진 목소리를 가진 테너라는 찬사를 받는 가수가 되었다.

성공은 목표가 아니다. 지속적으로 성장해서 유능해지는 것이 목표여야 한다. 최고로 높은 지위, 최고의 부자, 최고의 인기, 최고의 명예 같은 것을 목표로 세웠다면 지금 즉시 허물어 버려라. 목표는 최고의 자리가 아니라 최고의 유능함이다. 자리는 유능함의 대가로 주어지는 결과일 뿐이다.

자리를 추구하면 욕심에 빠진다. 변칙을 쓰게 된다. 다른 사람을 곤경에 빠뜨리면서 그 자리를 탐한다. 조급함을 가진다. 시기심이 생긴다. 스트레스가 심해진다. 자리를 추구하면 결국 불행에 빠지게 된다.

당신의 목표는 어제의 당신보다 더 발전한 사람이 되는 것이다. 어제보다 조금 더 발전하는 것이 목표다. 어느 시대를 막론하고 유능한 사람을 위한 자리는 항상 비어 있다.

유능함은 당신의 가치를 높여준다. 유능함은 당신을 더 나은 삶으로 이끌어 준다. 유능함은 당신의 삶을 풍요하게 만들어 준다. 유능함은 당신을 꼭 필요한 사람으로 만들어 준다. 유능해지면 찾는 곳이 많아진다.

한 공장의 제조라인에 문제가 생겼다. 수리를 하고 다시 가동을 했으나 또 멈추어 버리고는 다시 가동되지 않았다. 마침내 전문가를 불렀는데 이 사람은 기계 주위를 몇 바퀴 돌면서 여기저기를 조사하더니 기계 한 귀퉁이에 X자 표시를 했다. 전문가는 망치를 들고 X자 표시가 된 곳을 힘차게 내리쳤다.

"자 이제 기계가 잘 움직일 겁니다."

기계에 스위치를 넣었더니 원활하게 움직였다. 직원들은 각자의 자리로 돌아가 작업을 계속했다. 얼마 후에 회사에 청구서 한 장이 날아왔다. 청구서에는 1만 달러의 금액이 적혀 있었다. 청구서를 받아든 회사 대표가 화를 내며 소리쳤다.

"이건 정말 엉터리야! 망치로 기계를 한 번 내려쳤을 뿐인데 1만 달러라니!"

그는 청구서를 돌려보내고 명세표를 요구했다. 며칠 뒤에 도착한 명세표에는 이렇게 적혀 있었다.

'기계를 망치로 치는 일 1달러
망치로 칠 곳을 찾는 일 9,999달러'

누구나 망치질은 할 수 있다. 그러나 어디에 망치질을 해야 하는지는 실력이 없으면 못 찾는다. 세상에는 망치질을 잘하는 사람으로 넘쳐나겠지만 망치질할 곳을 찾아내는 사람은 적다.

정당한 대우를 받지 못하고 있다는 억울함이 드는가? 방법은 한 가지다. 계속 성장하는 것이다. 유능한 사람이 되기까지 성장하는 것이다. 세상은 유능한 사람에게는 기꺼이 대가를 지불한다. 노동 시간에 비해 월급이 적다고 억울해 하지만, 당신이 유능한 사람이 되면 억울함은 자연히 사라진다.

미국의 시인인 롱펠로우(1807~1882)는 "평범한 사람의 비극은 자신의 노래를 다 불러 보지 못하고 죽는 것."이라고 했다. 비극은 다른 것이 아니다. 내가 다른 사람의 인생을 사는 것, 그것이 비극이다.

그러니 가급적 늦지 않게 자신을 찾아라. 다른 사람의 노래를 따라 부르지 말고 내 노래를 부르라는 것이다. 너무 많은 사람이 다른 사람의 노래를 흉내만 내다가 아까운 인생을 마친다.

30대의 목표는 전문가로 성장하는 것이다. 마음이 원하는 것을 따라 목표를 세우고 지속적인 열정으로 나아가라. 이렇게 하기 위해서는 해야 할 일이 있다. 핵심적인 일과 관계없는 모든 것을 끊어 버리는 것이다. 모든 것을 다 잘해야 한다는 편견을 벗어나라.

마음이 원하는 것을 따라 30대 10년을 보내고 나면 전문가가 되어 있는 자신을 발견하게 된다. 그때는 그것이 당신의 가치가 되고, 40대 이후 인생을 이끌어 가는 힘이 될 것이다.

핵심적인 일에 집중하라. 전문가로 성장하는 것이 진짜 성장이다.

5. 말의 법칙

: 긍정의 말이 긍정 에너지를 일으킨다

어느 작은 마을의 성당에서 신부가 미사를 올리고 있었다. 신부 곁에는 작은 아이가 복사(미사 진행을 돕는 소년)를 맡아 보고 있었는데 실수로 성찬에 사용하는 포도주잔을 엎질렀다. 신부는 화가 나서 소년을 나무랐다.

"이런 정신없는 놈, 너 같은 아이는 복사를 할 수 없으니 그만두도록 해라."

아이는 울면서 성당을 떠났다. 소년은 자라면서 공산당원이 되었고 후에 유고슬라비아의 대통령이 되어 수많은 인권을 유린했다. 장기 독재자로 악명 높은 요시프 브로즈 티토(1892~1980)가 그다.

다른 성당에서도 비슷한 일이 있었다. 소년은 신부의 시중을 들다가 똑같이 포도주잔을 엎질렀다. 그러나 신부는 부드럽게 말했다.

"괜찮다. 나도 어렸을 때 실수를 많이 했단다. 너는 커서 신부가 되겠구나."

소년은 신부의 말에 용기를 얻고 계속 복사로 활동하면서 성당에 다녔다. 소년은 자라서 정말 신부가 되었다. 그는 〈인생은 살아 볼 만합니다〉라는 TV 프로그램을 진행해 미국 최우수TV진행자 부문 에미상을 받았으며, 《영혼의 평화》, 《십자가를 바라보며》 등 여러 저서를 남겼다. 유명한 폴턴 J. 쉰(1895~1979) 대주교 이야기로, 그는 신자들뿐 아니라 일반 미국인들에게도 많은 존경을 받았다.

이야기의 요점은 티토나 풀턴 쉰이 아니다. 요점은 말의 힘이다. 말 한 마디가 얼마나 큰 에너지를 가지고 있는지 보여주는 예화다. 말은 단어의 조합이 아니다. 말은 의사소통의 수단으로만 존재하는 것이 아니다. 말은 자체가 에너지다. 당신 입에서 나간 말은 결코 사라지지 않는다.

부정적인 말은 부정적인 에너지를 형성해서 부정적인 것을 끌어당기고, 긍정적인 말은 긍정적인 에너지를 형성해서 긍정적인 것을 끌어당긴다. 실패의 말은 실패를 끌어당기고 성공의 말은 성공을 끌어당긴다. 말은 동일한 것을 끌어당기는 에너지이기 때문이다.

그래서 사람은 자주 같은 말을 들으면 그 말에 동화된다. 밧줄로 사람을 옭아맬 필요가 없다. 계속 같은 말을 반복하면 그것이 올무가 되어 자신의 운명이라고 믿게 된다.

이런 일을 증명할 만한 실험을 진행한 사람이 있다. 하버드대학 사회심리학 교수이자 작가인 로버트 로젠탈(1933~)은 좀 별난 실험을 했다. 실험 대상은 아주 건강한 남자였고 당사자는 모르는 상태에서 진행되었다. 실험 대상자인 남자에게 한 사람이 심각한 표정으로 말했다.

"당신 굉장히 피곤해 보입니다."

그 사람이 대답했다.

"괜찮습니다. 저는 완전히 건강합니다."

조금 있다가 다른 사람이 심각한 표정으로 말했다.

"당신 굉장히 안 좋아 보입니다."

그 사람은 살짝 웃으면 말했다.

"괜찮습니다."

조금 있다가 세 번째 사람이 또 비슷한 말을 했다.

"당신 굉장히 안 좋아 보입니다. 당장 병원에 가 봐야 할 것 같습니다."

실험 대상 남자는 세 번이나 같은 소리를 들으니 자신도 미심

쩍어 하면서 대답했다.

"당신에게도 그렇게 보이나요?"

좀 더 시간이 지난 뒤 네 번째 사람이 다시 같은 말을 했다.

"당신 안색이 너무 안 좋아 보이는데 이러다가 큰일 나겠습니다. 당장 병원에 가서 진료를 받아야 할 것 같습니다."

실험 대상 남자의 안색이 어둡게 변하면서 굉장히 당황했다.

마지막으로 다섯 번째 사람이 굉장히 심각한 표정으로 말했다.

"당신 너무 안 좋아 보입니다. 위험해 보이는데 지금 당장 병원에 가지 않으면 큰일을 당할지도 모릅니다. 당신 곧 쓰러질 것 같습니다."

이 말을 듣자 남자는 갑자기 얼굴이 파래지면서 그 자리에 쓰러져 버렸다. 에이, 그럴 리가 있나라고 생각하는가?

누군가 당신에게 부정적인 말을 하면 불쾌해진다. 누군가 당신에게 긍정적인 말을 하면 기분이 좋아진다. 누군가 당신을 위협하면 두려워진다. 누군가 당신에게 선을 베풀면 덩달아 마음이 편해진다. 그렇다면 이 가운데 한 가지 말을 당신에게 지속적으로 반복할 때 심리는 어떻게 변할까? 대답은 분명하지 않겠는가?

일본의 한 교수가 사람들이 왜 우울증에 걸리는지에 대한 연구를 했다. 우울증이 걸리는 사람의 습관을 살폈더니 부정적인 말을 자주, 많이 한다는 것을 발견했다. 과연 그것으로 우울증이 걸릴까? 의심스러웠던 교수는 자신이 연구 대상자가 되어 연구를 진행했다. 아침부터 저녁까지 우울증 환자들이 하는 말을 똑같이 반복했다.

부정적인 말, 자기연민에 가득한 말, 비관적인 말을 하루 종일 했다.

"일어나면 뭘 해. 내 인생은 이렇게 별 볼일 없는데."

"나는 학생을 가르칠 자격도 안 돼."

"나의 이런 연구가 다 무슨 소용이 있담."

"인생은 다 죽음으로 끝나는 존재야. 결국은 허무한 것이 인생이지."

"내일도 소용없어. 다 허무한 짓이야."

이렇게 절망적인 말을 하며 보내기를 세 달. 놀랍게도 그는 깊은 우울증에 빠져 버렸다. 진짜 우울증에 빠져서 헤어나올 수가 없었다. 결국은 전문적인 의사의 도움을 받아서 겨우 정상을 회복할 수 있었다.

교수의 실험은 말이 에너지를 가지고 있다는 것을 다시 한 번 증명한 셈이다. 말은 사라지지 않는다. 당신이 어떤 말은 하든지 말은 동일한 것을 끌어와 당신에게 안긴다.

농사에 소를 활용하던 전 시대에는 송아지가 어느 정도 자라면 코뚜레라는 것을 한다. 소가 힘이 세지면 다루기가 힘들기 때문이다. 그때 소의 두 콧구멍 사이를 뚫은 후 손가락 굵기의 나무를 동그랗게 휘어서 만든 코뚜레를 끼운다. 그 코뚜레에 줄을 매서 당기면 소의 입장에 코가 아프니까 주인이 이끄는 대로 따를 수밖에 없는 것이다. 코뚜레를 잡으면 심지어 어린아이도 쉽게 소를 몰 수 있다.

말은 인간에게 코뚜레와 같다. 입에서 말을 내뱉는 순간 말은 코뚜레가 되어 우리를 끌고 간다. 아무리 힘이 센 거인도 이 힘을 이길 수 없다. 말은 입에서 나오는 순간 당사자를 그 말과 같은 운명으로 몰아간다.

로버트 로젠탈 교수는 말이 잠재의식에 얼마나 큰 영향을 미치는지 알기 위해 초등학생을 대상으로 또 하나의 실험을 했다. 이 실험은 1968년 샌프란시스코의 한 초등학교에서 실시되었다. 학기를 시작하는 시점에 한 반을 택해 학생들의 IQ 검사를 했다. 검사 결과를 교사에게 보여주지 않고 몇몇 학생을 지목하여 교사에게 명단을 넘겨주며 이렇게 말했다.

"우리가 검사한 결과에 따르면 이 반에는 지능지수가 상당히 높은 아이들이 있습니다. 여기에 명단이 적혀 있는데 이 아이들은 잠재력이 무한하니 선생님이 잘만 교육시키면 큰 인물이 될 것입니다."

담임교사는 그 명단에 적힌 아이들을 불러 놓고 로젠탈 교수에게 들은 대로 IQ 검사 결과를 말해 주었다. 그리고 너희들은 특별한 아이들이라고 칭찬했다. 그런 후에 열심히 공부하라고 격려했다. 교사도 1년 동안 그 아이들에게 적극적 관심을 두고 가르쳤다. 8개월 뒤 결과를 보니 놀라운 변화가 있었다. 성적이 크게 향상되었다. 자신감도 고무되어 있었다. IQ 수치가 무려 20~30이나 올라간 아이도 있었다.

사실 로젠탈 교수가 교사에게 넘겨준 특별하다는 아이들 명단은 그냥 무작위로 뽑은 평범한 아이들이었다. IQ나 성적이 다른 아이들과 차이가 없었다. 그러나 선생님으로부터 다른 아이들보다 IQ가 높다는 칭찬을 듣고, 지속적인 관심과 격려를 받은 것이 아이들의 잠재의식에 놀라운 변화를 이끌어 내 성적과 IQ까지 월등하게 높아지게 하는 결과를 가져온 것이다.

칭찬보다 사람을 더 기분 좋게 하는 것은 없다. 물론 살다 보면 상대방을 비판, 지적해야 할 경우도 있다. 그러나 이때도 원칙이 있다. 상처를 주는 말이 아닌 개선을 위한 말이어야 한다는 것이다. 지적하되 절대로 인격 비하가 되지 않도록 하며, 문제를 장황하지 않고 명확하게 지적해야 하며, 지적을 남발하지 않아야 한다.

어떤 교육학자는 "책망을 한 번 했다면 칭찬은 아홉 번 하라."고 했다. 지적은 방향을 바꾸어 주는 역할을 하지만 칭찬과 격려는 계속 앞으로 나아가게 하는 힘이 있다.

미국에는 'God bless you!'라는 인사가 있다. 그들은 헤어질 때 항상 이 말로 인사를 한다. 참 좋은 인사말이라고 생각한다. 신이 당신을 축복하기를! 신의 축복이 당신에게 있기를! 이 말을 꼭 종교적으로 해석할 필요는 없다. 상대방이 잘되기를 바라는 마음으로 축복을 비는 것이다.

축복의 말은 엄청난 긍정 에너지다. 당신이 남을 축복하면 그것이 동일한 에너지로 되돌아온다. 앞의 장에서 부정적인 말을 하면 뇌의 울림을 통해 자신에게 먼저 새겨지고 그런 부정의 에너지가 반복되면 자신 또한 피해자가 된다고 했다.

같은 이치로 상대를 축복하는 말은 자신을 향한 긍정의 말이 되기도 한다. 그런 이유에 축복의 말은 자신과 상대를 모두 긍정적이게 하고 인간관계를 따뜻하게 만들어 준다.

당신은 잘할 수 있다. 이것은 유치한 격려가 아니다. 마음이 원하는 것을 하고, 긍정의 말로 스스로를 다독인다면 성공 확률은 더욱 높아질 것이다. 마음이 원하는 것은 신이 주신 재능이다. 그러므로 당연히 잘할 수밖에 없다. 시작이야 서툴지만 시간이 지나면서 유능함에 이른다.

세상에서 가장 적극적인 말은 '할 수 있다.'는 말이다. 남들이 했다는 것은 당신도 할 수 있다는 증거다. 그러므로 못한다는 말은 이제 하지 마라. 남들이 했는데 당신은 왜 못한다고 생각하는가?

포드 자동차의 설립자인 헨리 포드(1863~1947)가 말했다.

“당신이 할 수 있다고 말하든 할 수 없다고 말하든 둘 다 진실이다.”

당신이 할 수 있다고 말하면 할 수 있는 사람이 되고, 할 수 없다고 말하면 할 수 없는 사람이 되기 때문이다. 불가능한 경우는 두 가지 뿐이다. 하나는 그것이 당신의 일이 아닐 때이고, 둘째는 당신이 할 수 없다고 말하고 있을 때다.

영국의 심리학자인 제임스 하드필드 박사(James Arthur Hadfield, 1882~1967)는《힘의 원리》라는 책을 통해 이렇게 말했다.

‘스스로에게 넌 틀렸어. 이젠 끝났어라고 말하면 자신의 능력의 30%밖에 발휘하지 못한다. 그러나 넌 할 수 있어. 넌 유능한 사람이야라고 말하면 능력의 500%를 발휘할 수 있다.’

하드필드는 세 사람에게 실제적인 실험을 진행했다. 악력계를 쥐어 주고는 평균 악력을 쟀는데 약 45kg이 나왔다. 그것을 기준으로 삼고 “나는 약하다. 힘이 없고 연약하다.”라고 말하게 한 후 악력계를 쥐었더니 반에도 미치지 못하는 13kg밖에 나오지 않았다. 반면 “나는 강하다. 나는 힘이 세다.”라고 말하게 한 후 악력계를 쥐었더니 평균 악력보다 1.5배가 높은 65kg이 나왔다.

이런 연구들이 가르쳐 주는 것이 있다. 말은 단순한 단어의 조합이나 의사소통의 수단을 넘어 우리 자신을 컨트롤하는 에너지라는 것을 증명해 주는 실험이다.

말은 에너지다. 엄청난 창조성과 무서운 파괴력을 가진 양날의 검이다. 말을 잘 사용하면 인생이 성공과 행복으로 채워진다. 말을 잘 못 사용하면 인생이 실패와 불행으로 채워진다.

말 속에는 운명을 결정하는 힘이 있다. 이 힘을 알고 효과적으로 사용할 수 있는 사람이 인생에서 승자가 된다. 어제 당신이 한 말이 오늘의 당신을 만든다! 내일 당신 인생을 바꾸려면 오늘부터 당신의 말을 바꾸어야 한다.

아인슈타인의 어머니는 학교에서 비관적인 성적표를 받아온 아들에게 이렇게 말했다.

"너에게는 특별한 재능이 있어. 너는 앞으로 훌륭한 사람이 될 거야."

이 역사적인 인물 앞에서 말이 가진 놀라운 힘을 새삼 깨닫는다.

6. 행동의 법칙

: 30대는 고민의 시간보다 행동의 시간이어야 한다

전설적인 미식축구 감독 빈스 롬바디(1913~1970)는 많은 사람들에게 존경받는 지도자였다. 그는 자신이 지휘한 그린베이 패커스 팀을 1961년, 1962년 그리고 1965년에 내셔널 풋볼 리그 정상으로 이끌었고, 1966년과 1967년에는 연이어 슈퍼리그 챔피언에 올린 명장이다. 뿔뿔이 흩어진 개인의 재능을 하나로 묶어 최고의 팀으로 만든 그의 리더십은 지금도 교본처럼 여겨진다.

1962년 미국은 쿠바에 배치되어 있던 소련제 핵무기를 철거하라고 했다. 그러나 그해 가을 소련의 적대적인 도발로 인해 전쟁에 돌입할 위기에 처했다. 그것은 제3차 세계대전으로의 확전을 의미하는 것이었다. 미국인들뿐 아니라 전세계가 극심한 공포에 휩싸였다.

미국은 소련과 쿠바에 최후통첩을 했고 최종 시한인 바로 그 날 그린베이 패커스 팀의 연습이 예정되어 있었다. 팀의 한 관계자가 롬바디에게 아무래도 연습을 연기하는 것이 낫겠다고 말했다. 그때 롬바르디가 대답한 말이 오랫동안 회자되었다.

"염병할 쿠바! 연습하러 갑시다."

1969년 7월 20일은 인류 최초로 인간이 달 표면에 발을 디딘 역사적인 순간이다. 세 명의 우주인이 탄 아폴로 11호의 달 착륙을 앞두고 미국뿐 아니라 전세계가 흥분했다. 모든 사람이 그 광경을 보고자 약속을 취소하고 TV 앞으로 달려가 달 위를 걷는 인간을 보고자 했다.

당시 롬바디는 워싱턴 레드스킨스 팀을 맡고 있었고 평소와 다름없이 선수들과 연습을 준비하고 있었다. 팀 관계자는 연습 시작을 30분만 늦추면 역사적인 달 착륙을 볼 수 있으니 그러면 안 되겠느냐고 물었다. 그때도 롬바르디는 딱 한 마디로 분명하게 대답했다.

"NO! 그래 봤자 우주인들이나 레드스킨스 어느 쪽에도 도움이 안 돼."

선수들이 다 모이자 롬바디는 용기와 헌신에 관한 짧은 정신교육에 이어 모든 선수들로 하여금 전원 운동장에 꿇어앉게 하고 함께 아폴로 팀을 위해 기도했다. 그리고 곧장 연습에 들어갔다.

"그날 꽤나 연습했죠."

당시 평소와 다름없이 연습에 임했던 한 선수가 나중에 그때를 회고하면서 말했다.

롬바디는 승리의 비결을 이렇게 말했다.

"연습 또 연습!"

롬바디는 말한다.

"승리에 맞추어서 행동하고 또 행동하라. 행동만이 승리를 보장할 수 있다."

이것이 롬바디가 전설적인 풋볼 감독이 된 비결이다.

중년의 경찰 한 명이 영어 수업을 듣고 있다. 업무가 바쁜지 휴대폰을 받으러 가끔씩 들락날락했지만 수업에 한 번도 빠지지 않았다. 벌써 2년 째. 이 사람은 외국 주재관으로 가는 꿈을 가지고 있었다. 문제는 영어 점수. 최소한 730점은 넘어야 하는데 점수가 500점밖에 나오지 않는 수준이었다.

그럼에도 불구하고 '이 나이에 무슨 영어공부를!'이라고 생각하지 않고 학원에 등록했다. 피곤하고 머리가 따라가지 못했지만 몸만은 부지런히 학원 강의실로 달려갔다. 매달 점수가 10~15점씩 올랐다. 드디어 2년 3개월 만에 꿈의 점수인 730점을 받고 주재관으로 발령 받아 외국으로 갔다.

처음 시작할 때 주변 사람들이 빈정거렸다.

"그렇게 고생하느니 안하고 말겠다."

"그냥 편하게 살지 뭘 그렇게 고생하며 사냐?"

그래도 그 모든 말을 다 무시하고 열심히 학원에 다닌 끝에 목표를 이룬 것이다. 빈정거리며 말만 하던 동료들은 아직도 제자리걸음이다. 무엇이 차이인가? 행동이다. 말잔치에는 먹을 것이 없다. 행동만이 열매를 안겨 준다.

한 청년이 우울증에 빠졌다. 자살한 사람들 중 80%가 우울증이라고 하니 가히 우울증은 자살로 가는 길목이라 할 수 있다. 청년은 깊은 우울증에 빠져 자살을 결심하고 마지막으로 평소 다니던 교회의 목사를 찾아갔다. 어린 시절의 불행, 가족 문제, 경제적인 파탄, 취직에서의 고배, 사회적인 소외 등 자살할 수밖에 없는 많은 이유를 열거했다. 목사는 청년의 이야기를 다 듣고 나서 대답했다.

"충분히 자살할 이유가 되는군요. 저라도 그렇게 어려운 형편이라면 더 이상 살 수 없겠습니다. 자살해도 좋습니다."

청년이 어리둥절한 표정으로 목사를 보았다. 그때 목사가 청년에게 한 마디를 덧붙였다.

"그러나 자살하기 전에 한 가지 부탁을 하고 싶은데 괜찮겠습니까?"

"뭔데 그러십니까?"

"며칠만 저를 좀 도와주면 좋겠습니다."

청년이 대답했다.

"어차피 죽을 목숨인데 필요하다면 기꺼이 도움을 드리겠습니다."

목사는 청년을 데리고 집 없는 사람들을 위해 집을 지어 주는 봉사단체에 갔다. 청년은 아침부터 저녁까지 땀을 뻘뻘 흘리면서 일했다. 봉사자들과 함께 어울려 집 없는 사람들을 위해서 열심히 집을 지었다.

자신의 집이 생긴 사람들이 기뻐하면서 청년에게 고맙다는 인사를 했다. 청년은 처음으로 마음에 기쁨이 솟아나는 것을 경험했다. 그것은 무언가 역할을 하고 가치 있는 일을 했다는 뿌듯함이었다. 청년은 며칠이 아니라 한동안 집 짓는 일에 푹 빠졌다. 몇 달 후에 그는 다시 목사를 찾아와서 이렇게 말했다.

"목사님. 죽기가 싫어졌습니다."

이유를 물으니 그가 대답했다.

"목사님은 자살하고 싶다는 제게 아무런 충고도 하지 않았습니다. 대신 저에게 일을 주었습니다. 봉사자들과 같이 일하고 땀 흘리고 가난한 사람들을 도우면서 삶의 이유를 찾게 되었습니다. 저는 이제 어떻게 사는 것이 행복한 삶인지 깨닫게 되었습니다."

성적이 좋지 않았던 한 의학도가 시험을 앞두고 걱정이 태산 같았다. 졸업 시험을 무사히 통과할지, 졸업하면 불러주는 곳이 있을지, 개업을 한다면 재원은 어떻게 마련할지 모든 것이 걱정이었다. 그러다가 토머스 칼라일(1795~1881, 영국 철학자, 역사학자, 작가)이 쓴 책에서 눈이 번쩍 떠지는 한 구절을 읽고 인생이 달라졌다.

"우리들의 중요한 임무는 먼 곳에 있는 희미한 것을 보는 것이 아니라 가까운 곳에 있는 것을 실행하는 것이다."

그 후 청년은 유명한 의사이자 옥스퍼드대학의 명예교수가 되었고 나중에는 공작 작위를 받았다. 이 사람의 이름은 윌리엄 오슬러(1849~1919) 경이다. 그는 노년에 미국 예일대학의 초청을 받아 학생들에게 강연하며 행동의 중요성에 대해 이런 예를 들었다.

"나는 큰 증기선을 타고 대서양을 건너 왔습니다. 여러분은 이 큰 선박보다 훨씬 훌륭한 조직체이며, 보다 장구한 항해에 나서게 될 것입니다. 지나간 일들은 과거로 매장하십시오. 미래란 바로 오늘입니다. 내일은 없습니다. 내일은 오늘이 되고, 그 다음날도 오늘이 됩니다. 우리가 살 수 있는 날은 오늘뿐입니다. 사람이 새로워질 수 있는 날은 바로 오늘이지 내일이 아닙니다."

나폴레온 힐은《생각하라 그러면 부자가 된다》라는 책에서 이런 에피소드를 들려준다.

미국 세일즈계에서 신화로 불리는 R. U. 더비라는 사람의 이야기다. 그는 '포기를 모르는 사나이'라는 별명을 가지고 있었다. 그러나 그의 인생이 처음부터 그런 것은 아니었다.

금광을 찾아 많은 사람들이 서부로 몰리던 골드러시 시대에 더비와 그의 숙부도 광맥을 찾겠다는 열망에 들떠서 서부로 떠났다. 둘은 삽과 곡괭이를 가지고 서부를 돌아다녔고 얼마 지나지 않아 정말로 광맥을 찾아냈다. 그들은 친척과 이웃들에게서 자금을 빌려서 필요한 장비를 구입하고 금광을 캐기 시작했다.

더비와 숙부가 파낸 광석은 질에서도 좋은 평가를 받아 그들은 금방 빚을 갚을 수 있을 것으로 생각했다. 희망에 부풀어서 착암기로 땅을 파내려 갔다. 그런데 어느 날 금맥이 갑자기 끊겨 버렸다. 두 사람은 절망과 싸우면서 계속 땅을 파내려 갔다. 그러나 더 이상 금맥은 보이지 않았고 결국 모든 것이 물거품이 된 것을 인정해야만 했다.

두 사람은 채굴 장비를 싼 값으로 고물상에게 팔아치우고 고향으로 돌아갔다. 그런데 장비를 산 고물상이 혹시나 해서 광산을 다시 조사했다. 그 결과 더비가 포기한 지층으로부터 단 1m 아래에 거대한 금맥이 다시 이어지고 있는 것을 발견했다. 고물상은 이 광맥에서 수백만 달러어치의 금광석을 캐냈다.

나중에 이 소식을 전해들은 더비는 얼마나 후회했는지 모른다. 그러나 이 실패의 경험은 그가 보험회사의 세일즈맨으로 일하는데 큰 교훈이 되었다.

"목표한 고객이 노우라고 말해도 결코 단념하지 않겠다. 광산에서의 실패를 두 번 다시 되풀이 하지 않을 것이다."

그는 스스로에게 이렇게 말하면서 '한 번 달려들면 결코 놓지 않는 사나이'로 거듭났다. 그리고 그는 보험업계의 판매왕으로 큰 성공을 거두었다.

더비에게는 광산에서의 실패 외에도 작지만 강한 인상을 남긴 에피소드가 하나 더 있다. 광산에서 고향으로 돌아와 세일즈 일을 시작했을 때의 일이다. 어느 날 그는 숙부와 낡은 맷돌로 밀을 빻고 있었다. 그때 조용히 문이 열리더니 작은 흑인 소녀가 들어왔다.

"무슨 일이냐?"

숙부의 무뚝뚝한 질문에 소녀가 또박또박 말했다.

"엄마가 밀린 품삯을 받아 오라고 하셨어요."

"없어. 다음에 와."

"네."

소녀는 고분고분하게 대답했지만 여전히 그 자리에 서 있었다. 더비의 숙부는 하던 일에 정신이 팔려 있다가 한참 후 여전히 그 자리에 서 있는 소녀를 보더니 소리를 버럭 질렀다.

“돌아가라고 했는데 뭘 하고 있느냐? 빨리 돌아가지 않으면 혼날 줄 알아.”

“네.”

소녀는 다시 고분고분하게 대답을 했다. 그러나 여전히 그 자리에서 꼼짝하지 않고 서 있었다. 더비의 숙부는 맷돌을 돌리던 일을 멈추고 험악한 얼굴로 소녀 쪽으로 다가갔다. 아이에게 다가가 얼굴을 바짝 들이밀고 꾸짖었다.

“돌아가라는데 왜 안 가고 있는 거야. 너 진짜 혼나 볼래!”

그때 소녀가 또박또박한 음성으로 이렇게 말했다.

“엄마가 품삯 5달러를 받아 오라고 하셨어요.”

숙부는 결국 주머니에서 5달러를 꺼내어 소녀에게 주었다. 소녀는 공손하게 감사하다는 인사를 하고 돌아갔다. 더비는 소녀의 행동을 통해 다시 깨달음을 얻었다. 그리고 그것을 자신의 세일즈에 적용했다.

“고객을 설득하다가 이제 틀렸구나 하는 생각이 들 때 맷돌 앞에 서 있던 그 소녀의 모습을 떠올렸습니다. 그리고는 어떻게든 이 계약을 성사시켜야 한다고 결심했습니다. 생각해 보면 세일즈의 성공은 목표한 손님이 노우라고 말해도 한 번 더 시도하는 것에 있었습니다.”

그의 말을 좀 더 들어보자.

"금광에서 얻은 경험과 소녀에게서 얻은 교훈의 형태는 달랐지만 나에게는 행복으로 가는 이정표였습니다. 그 덕분에 나는 어떤 시련이 닥치더라도 처음에 마음먹은 결심대로 밀고 나가는 법을 배웠습니다."

이 장에서는 '행동의 법칙'이라는 명제답게 행동과 관련한 에피소드 몇 가지를 먼저 소개해 보았다. 아마 고개를 끄덕이는 독자가 꽤 되리라 생각된다.

분명한 것은 행동만이 결과를 만들어 낸다는 것이다. 모든 것이 준비되어도 행동하지 않으면 결과는 없다. 그러므로 시작하는 것을 두려워하지 마라. 과감하게 시작하고 행동하라. 실패를 자연스러운 것으로 받아들여라.

처음 걸음마를 배울 때 넘어졌지만 지금은 잘 걷는다. 초등학교 때 받아쓰기를 하면서 수 없이 틀렸지만 지금은 틀리지 않고 잘 쓴다. 처음에는 자동차의 시동을 거는 것도 두려웠으나 이제는 운전뿐 아니라 주차도 잘한다. 처음에 더듬더듬 알파벳을 익혔으나 지금은 어느 정도 외국어를 말한다.

이 모두가 당신의 행동이 이루어 낸 것이다. 무엇이든 행동하지 않으면 얼마나 잘하는지 알 수 없다. 무엇이든 잘하게 되려면 잘할 때까지 계속 행동하는 것이다. 행동만이 유능함을 만들어 준다. 행동만이 목표에 이르게 해 준다.

30대는 행동의 시간이다. 무얼 할까 하는 고민은 20대에 끝내야 한다. 아파하는 것도, 고민하는 것도, 삶의 회의도 20대에 끝내야 한다. 30대는 목표를 향해 행동해야 할 시간이다. '거북이도 움직이려면 머리를 내밀어야 한다.'는 말이 있다. 아무리 멋진 목표를 정하고 계획을 세워도 행동하지 않으면 이룰 수 없다.

목표를 이루는 비결은 간단하다. 그것을 이룰 때까지 계속 행동하는 것이다. 위대한 목표를 이룬 사람이라고 해서 처음부터 유능함을 타고나지는 않았다. 그들은 단지 그 자리에 이를 때까지 지속적으로 행동했을 뿐이다.

시작은 누구든 서툴다. 과정에 여러 번 넘어지고 실패도 한다. 그러나 성취한 사람들은 멈추지 않고 행동했다는 게 다르다. 그러니 서툴러도 괜찮다. 넘어져도 괜찮다. 조금 느려도 괜찮다. 중요한 것은 계속 행동하는 것이다. 당신이 행동하기를 멈추지만 않는다면 꿈은 이루어진다.

7. 감사의 법칙
: 감사는 행복을 길어 올리는 마중물이다

생쥐 한 마리가 항상 불만에 차 있었다. 왜 나는 고양이로 태어나지 못했나? 왜 나는 생쥐가 되어서 이렇게 쫓기며 살아야 하나? 생쥐는 자신의 운명에 불만이 많고 불행하다고 생각했다. 마술사가 그런 생쥐에게 물었다.

"고양이가 되면 행복하겠느냐?" "그럼요. 내가 고양이만 될 수 있다면 걱정이 없을 것입니다." 그래서 마술사는 생쥐를 고양이로 만들어 주었다.

얼마 후 마술사가 다시 만난 고양이는 울상을 하면서 불만을 늘어놓았다.

"고양이가 되고 보니 개 때문에 살 수가 없습니다. 개가 나만 보면 덤비니 늘 무섭고 불안합니다." 마술사가 "그럼 개가 되면 행복하겠느냐?"라고 물었다. "그럼요. 개가 된다면 아무 걱정 없이 행복할 수 있을 것입니다." 그래서 마술사는 고양이를 개로 만들어 주었다.

얼마 후 마술사가 개를 찾아가 보니 또 울상을 하고 있었다.

"아니, 왜 이렇게 울상을 하고 있느냐?" "호랑이 때문입니다. 호랑이가 두려워서 한시도 행복할 날이 없습니다." "그럼 호랑이가 되면 행복하겠느냐?" "그럼요. 호랑이는 무서울 것도 없이 산과 들을 마음껏 다니는 동물의 왕이 아닙니까? 호랑이가 되면 정말 행복하겠습니다." 마술사는 개를 호랑이로 만들어 주었다.

얼마 후 마술사가 호랑이를 찾아가 보니 두려움에 벌벌 떨고 있었다.

"아니, 호랑이가 됐는데 왜 이렇게 두려워하느냐?" "사냥꾼 때문입니다. 사냥꾼이 호시탐탐 저를 죽이려고 하니 한시도 행복할 날이 없습니다." "그럼 사람으로 만들어 주면 행복하겠느냐?" "예. 사람은 모든 짐승보다 강합니다. 사람이 되면 더 이상 걱정이 없을 것 같습니다." 그래서 마술사는 호랑이를 사람으로 만들어 주었다.

얼마 후 그 사람을 마술사가 찾아가 보니 이전보다 더 울상을 하고 있었다. 그는 걱정에 가득 차서 땅이 꺼져라 한숨까지 쉬었다.

"왜 그러느냐? 사람이 된 것이 행복하지 않느냐?" "아닙니다.

사람이 되고 보니 날마다 걱정입니다. 돈 걱정, 일 걱정, 아이들 걱정, 사람들 간의 관계, 노후 걱정, 정치는 또 얼마나 스트레스가 되는지 한시도 행복할 시간이 없습니다. 나는 불행합니다."

마술사가 그의 말을 다 듣고 나서 딱 한 마디를 했다.

"너는 감사가 없어서 불행하다." 그리고는 그를 다시 생쥐로 되돌렸다.

여우가 자두를 따먹기 위해 애를 썼다. 여우 같은 동물이 자두나무에 올라가는 것은 쉽지 않았다. 그러는 동안 친구들이 모여 들었다. 모두는 탐스럽게 열린 자두를 보며 군침을 흘렸다. 저 자두는 굉장히 달고 맛있을 거야. 그렇게 생각하니 더 먹고 싶어졌다.

서로 경쟁하듯 나무에 올라가려고 애를 썼지만 번번이 실패했다. 드디어 여우 한 마리가 나무에 올라가는데 성공했다. 아래에 있는 친구들이 부러워했다.

"재는 성공했어. 혼자 나무에 올라갔어. 저 자두를 먹게 되었으니 얼마나 행복할까?"

여우들은 부러운 마음을 담아 한 마디씩 했다. 나무에 올라가는데 성공한 여우가 아래를 보면서 자랑했다. "나 성공했어." 그리고 친구들이 보는 앞에서 자두를 따서 한입 멋지게 깨물었다. 헉! 자두가 너무 시어서 먹을 수 없었다. 얼굴이 일그러졌다. 밑에서는 부러워하면서 물었다.

"맛이 어때? 진짜 맛있지? 너 정말 부럽다. 나도 먹고 싶다."

나무에 올라간 여우는 얼굴빛을 싹 바꾸고 아래를 향해 함박 미소를 지었다. 그리고 말했다.

"자두가 너무 맛있고 달아. 너희들도 여기 올라오면 좋을 걸."

이 말에 나무 아래의 여우들은 부러움에 더 발을 동동 굴렀다. 《이솝 우화》에 나오는 이야기다.

제일 어리석은 부류 중 하나는 행복에 조건을 다는 사람이다. 내가 원하는 것이 이루어지면, 내가 바라던 성공을 얻으면, 재산이 얼마까지만 늘면, 그때는 행복할 거야라는 사람들.

착각이다. 행복은 조건을 통해 오지 않는다. 행복은 인격적 반응에서 나온 결과물이기 때문이다. 행복할 것 같은 환경이 행복을 만드는 건 아니다. 행복한 사람이 행복을 만든다. 누가 행복한 사람인가? 감사하는 성품이 훈련된 사람이다.

누군가 말했다.

"모든 것을 가져도 감사하지 못하면 거지이고, 적은 것을 가져도 감사하면 부자다."

감사는 거울과 비슷하다. 멋지게 차려입고 거울을 본다. 거울이 깨졌다. 멋지게 차려입은 것이 보이지 않는다. 그런데 거울이 온전하면서 깨끗하게 닦여 있으면 나의 멋진 모습을 100% 볼 수 있다. 행복하려면 인격 속에 있는 감사의 거울이 온전해야 한다. 먼저 감사 인격이 되어야 하는 것이다. 그런데 감사의 거울이 깨졌다. 아무리 성공해도 감사의 거울이 깨졌다면 행복이 오지 않는다.

어디서 행복이 오는가? 나무 위에 오른 여우는 아래를 보고 위선을 떨었다. 행복한 것처럼 가면을 썼다. 그러나 진실은 이것이다. 성공하지 못한 자는 성공을 부러워하지만 성공한 자는 그 속에 도사린 뜻밖의 배신감에 또 실망한다. 이율배반과 허상이 세상에 넘쳐난다.

감사는 성공의 강력한 법칙이다. 진짜 성공은 행복이 동반되어야 한다. 나를 행복하게 만들어 주지 못하는 성공은 껍데기 성공이다. 행복하지 못한 성공은 나무 위에는 올라갔으나 전혀 다른 자두의 맛에 치를 떠는 여우의 처지와 같다.

아래에서 부러워하는 여우들은 모른다. 어렵게 나무 위에 올랐는데 기대하고 먹었던 자두가 시어서 먹을 수 없을 때의 배신감을. 동시에 아래 있는 친구들에게 마치 행복한 것처럼 웃음을 지어야 하는 위선감을.

진짜 성공은 행복감에 충만한 마음이다. 감사하는 인격이 되어야 이 행복감을 맛볼 수 있다. 행복은 인격의 문제다. 감사 인격이 되어야 한다. 현재 내가 있는 이곳에서, 나의 모습 그대로를 감사하는 인격이다. 그 위치에서 진짜 성공이 시작된다.

발명가 에디슨(1847~1931)은 평생에 걸쳐 1,000개가 넘는 특허를 냈다. 이게 얼마나 대단한 일인가 하면 에디슨 시대에 미국 경제의 6분의 1이 에디슨의 발명품과 연관된 생산이었다.

물론 그의 최고 발명품은 전구다. 전구 자체뿐 아니라 생산법까지 개발했다. 널리 알려진 잭 웰치(1935~2020)가 회장으로 있었던 제너럴 일렉트릭사의 시초가 에디슨이 세운 전구회사인 제너럴 라이트이다.

에디슨은 열정적인 사람이었다. 매일 18시간씩 연구에 몰두했다고 하니 가히 초인적이었다. 그는 한 번도 자기가 노동을 한다고 생각하지 않았다. 일을 즐거워했고 행복하게 일했다.

그는 어릴 때 기차에서 연구를 하다가 폭발 사고를 겪는 바람에 청력이 좋지 않았다. 나이가 들면서 청력 대부분을 잃었는데 주위에서 수술을 권했다. 한번은 의사가 와서 "수술만 하면 고칠 수 있습니다. 완전한 청력을 회복할 수 있습니다."라고 말하며 수술 날짜를 잡아 주었다. 그런데 수술하기로 한 날 에디슨이 나타나지 않았다. 연락해 보니 연구실에서 태연하게 연구에 빠져 있는 게 아닌가?

"아니, 병원에 오지 않고 왜 여기 계십니까?" 의사가 물으니 에디슨이 대답했다.

"수술하지 않아도 됩니다. 귀가 들리지 않으니 세상의 시끄러운 소리를 듣지 않고 연구에만 몰두할 수 있어서 좋습니다. 나는 귀가 들리지 않는 것을 감사하고 있습니다."

그는 연구실에 있는 것이 행복했다. 죽기 3일 전까지 변함없이 하루 18시간을 연구에 몰두했다고 한다. 대단한 사람이었다.

무엇이 에디슨을 유능하게 했는가? 그는 자신이 할 일을 알았고 그 일을 즐겼다. 무엇보다 현재의 부정적인 조건을 감사로 승화시키는 인격이 있었다. 얼마든지 원망하며 자기 인생을 핑계 댈 수 있는 여건이었다. 그러나 에디슨은 남들은 불행으로 여길 여건마저 감사로 바꾸어 오히려 연구에 전념할 수 있는 기회로 삼았다.

에디슨의 성공이 그의 감사하는 마음에서 나왔다면 지나친 비약일까? 에디슨은 자신이 놓인 자리에서 자기 현실 그대로를 감사했다. 조건이 없었다. 그의 감사하는 인격은 귀가 들리지 않는 상황마저 연구에 더 집중할 수 있는 여건으로 활용되게 했다.

감사는 에너지를 부른다. 엄청난 긍정 에너지다. 감사로 발생한 긍정 에너지는 같은 성질의 것을 끌어당기는 무리의 법칙에 의해 인생에 감사할 일들을 더 많이 발견하게 한다. 감사하면 감사의 에너지가 형성되고, 감사의 에너지는 감사할 일들을 끌어당기고, 감사할 일들이 자주 발생함으로써 인생은 행복으로 가득하게 된다.

사람들은 오늘을 불평하면서 왜 나는 행복하지 않은가라고 자문한다. 이것은 자신의 몸에 계속 먼지를 뒤집어씌우면서 나는 왜 깨끗하지 않는가라고 묻는 것과 같다. 이런 일을 사람들은 매일 아무렇지 않은 듯 반복하고 있다.

문제는 아무리 살펴봐도 감사할 일이 없다고 생각하는 사람이다. 인생은 망가졌고 경제는 파탄이 되었다. 직장에서 해고되었고 가정은 엉망이 되었다. 취직의 문턱에서 계속 실패하고 승진에서도 낙오되었다. 큰 기대로 시작한 사업은 적자 투성이가 되고 부부관계도 위기를 맞았다.

"나는 감사할 일이 한 가지도 없어요." 그럴 수 있다. 그렇다고 내리막으로 향하는 인생을 방관할 수만은 없다.

이렇게 해 보라. 펌프의 원리라는 게 있다. 펌프는 일정 기간 사용하지 않으면 물이 말라 버린다. 마른 상태에서는 아무리 펌프질을 해도 물이 올라오지 않는다. 이때 방법은 딱 한 가지. 먼저 물을 한 바가지 붓는 것이다. 펌프에다 물을 한 바가지 붓고 펌프질을 하면 신선한 물이 끌려 올라와서 밖으로 쏟아진다. 이렇게 펌프에 먼저 붓는 물을 마중물이라고 한다.

마중물을 붓고 펌프질을 하면 땅에 박힌 관 속에 순간적으로 기압 차이가 발생해서 저 아래쪽의 물이 위쪽으로 끌려 올라온다. 한 번 끌려온 물은 밖으로 나오면서 일부는 펌프 내에 남아 다시 마중물 역할을 한다. 물 한 바가지만 있으면 신선한 물을 계속 쓸 수 있다. 이것이 펌프의 원리다.

펌프의 원리는 감사의 원리와 통한다. 아무리 생각해도 감사할 일이 없는가? 그러면 그냥 "감사합니다."라고 말하라. "감사합니다."라고 말하면 먼저 감사의 마중물을 붓는 것이다. 입으로 말을 하는 것이 중요하다.

말을 하면 같은 성질의 것을 끌어당기는 무리의 법칙이 작동해 감사할 일들이 달려 나온다. 감사할 새로운 일들도 생긴다. 생각지 않았던 친구가 전화를 걸어와 우울한 내 마음을 잠시 펴주기도 한다. 그런 모든 게 감사할 일이다.

그런 작은 빛이 모여 좋은 일들이 생겨난다. 그런 게 하나둘 더해지면서 다시 인생에 희망이 자란다. 마음이 긍정적이게 되면 어제까지 체념하고 있던 일들에 궁리가 떠오르기도 한다. 궁리는 돌파구를 마련하는 아이디어다.

그렇게 다시 조금씩 상승 커브를 그리는 게 인생이다. 이것은 미신이 아니고 주술도 아니다. 동일한 것을 끌어당기는 무리의 법칙에 따른 긍정 에너지의 상승이 일으키는 결과다.

미국의 사회학자인 커밍 워크는 사람이 성공하는 데 4가지 조건이 필요하다고 했다.

첫째는 지능이 있어야 한다. 기본적인 지능은 갖추어야 한다.

둘째는 지식이 있어야 한다. 자기 분야에 대한 전문 지식이 있는 자는 성공하고 지식이 없는 자는 실패한다.

셋째는 기능이 있어야 한다. 기능은 지식을 현장에 적용하는 기술이다. 현장 경험을 말한다. 책상에서 배운 것만으로는 안 된다. 현장의 경험과 거기에서 익힌 기술이 있어야 한다.

넷째는 태도가 좋아야 한다. 아무리 좋은 지식과 기술, 자본이 있어도 태도가 삐뚤면 성공할 수 없다. 만사를 부정적으로 보고 불평하는 사람은 성공과 멀어진다. 주어진 현실에 감사하는 긍정적인 태도가 필요하다.

키밍 워크는 성공을 위한 이 4가지 중에 특히 가장 중요한 요소로 태도를 꼽았다. "태도가 성공의 조건 중 90% 이상이다."라고 직설적으로 말했다. 그 이유는 4가지 조건 모두를 총괄하게 하는 인식과 관계되기 때문이다.

궁극적 성공은 행복이다. 우리나라는 한국전쟁 직후보다 경제가 5만 배나 성장했다. 잘살아 보자고 노래하고 잠도 자지 않고 일해서 잘사는 나라가 되었다. 그렇다면 질문해 보자. 그때보다 5만 배 행복한가? 아무도 선뜻 대답하지 못한다. 행복이란 게 그런 모습이 아니란 것을 잘 알기 때문이다.

애초에 잘못되었다. 시작이 어긋났다. 더 가지면 행복할 것이라고 생각한다면 틀렸다. 감사하는 인격을 가져야 행복할 수 있다라고 가르쳐야 했다. 감사는 행복에 이르는 징검다리다. 아니, 감사 자체가 행복이다. 그런데도 원망을 멈추지 못한다. 미움을 씻어 내지 못한다.

이 시대는 끊임없이 누군가를 원망하고 미워하면서 흘러간다. 그러다 보니 내가 오늘 불행한 것이 타인 또는 바깥에 이유가 있다고 생각한다. 어처구니없지만 모두들 자신이 피해자라고 생각한다. 그리고 동일한 것을 끌어당기는 무리의 법칙에 따라 진짜 그렇게 되어 버린다.

감사는 용서와도 통한다. 이는 극적이다. 도저히 용서할 수 없는 일 또는 그보다는 작지만 누구에 대한 섭섭함을 오랫동안 가슴에 담고 있다고 쳐보자. 그런 응어리를 가지고 있으면 감사는 요원하다. 감사 의식이 마음에 깃들지 못하면 행복도 그만큼 멀다. 극적이지만 아주 사실적이며 실제적인 이야기를 하나 할까 한다.

미국의 법학자이자 목회자인 찰스 알렌 박사(1797~1869)는 《실패에서 성공으로》라는 책에서 감동적인 경험담을 들려준다. 젊은 부인이 암에 걸렸다. 병원에서 모든 치료를 받았지만 암은 점점 깊어졌다. 결국은 죽음의 문턱에 이르렀다. 의사도 치료를 포기한 상태다. 여자는 마지막으로 기도를 받고 싶어서 알렌 박사를 찾아왔다.

목사이기도 한 알렌은 기도하는 중에 자꾸 미움이라는 단어가 떠올랐다. 그래서 여자에게 혹시 미워하는 사람이 있느냐고 물었다. 여자는 전혀 그런 사람이 없다고 대답했다. 알렌은 다시 기도를 시작했지만 여전히 미움이라는 단어가 떠나지 않았다. 혹시나 해서 알렌은 그녀에게 가족에 대해 물었다. 그러다 어머니에 대한 대목에 이르자 여자의 안색이 굳어졌다.

여자는 오랫동안 어머니의 존재를 잊고 살았다. 자기에게는 엄마가 없다고 믿어 왔다. 여자의 엄마는 어린 딸을 두고 떠나 버렸다. 그녀는 엄마 없이 살아오면서 고생한 인생을 떠올렸다. 엄마 때문에 자기가 불행에 빠졌다고 생각했다. 엄마가 죽도록 미웠다. 그러다가 종내는 그 존재를 지워 버리기로 했다. 그렇게 외면하고 살았다.

그렇다고 엄마에 대한 인식이 완전히 사라진 것은 아니었다. 미움과 증오는 여자의 무의식 속에 깊게 가라앉아 있었다. 잊었다고 믿었지만 실상은 엄마에 대한 증오가 무의식에서 그녀의 삶을 지배하고 있었다.

그것이 원인이었다. 알렌 박사는 여자에게 엄마에 대해 말해 보라고 했다. 여자는 오랫동안 묻어 두었던 엄마 이야기를 꺼냈다. 여자의 이야기를 다 듣고 난 알렌이 말했다.

"어머니를 용서해야 합니다."

여자가 굳은 표정으로 대답했다.

"나를 버린 사람인데 어떻게 용서합니까?"

"그래도 용서해야 합니다."

"어머니 때문에 비참한 인생을 살고 이렇게 병에 걸려 죽어가고 있는데 나를 이렇게 만든 어머니를 어떻게 용서한단 말입니까?"

"그래야 당신이 자유로울 수 있습니다."

"용서 못하겠습니다."

알렌 박사는 여자를 똑바로 쳐다보며 말했다.

"용서하지 않으면 당신이 죽습니다."

이 말에 여자는 한참을 울었다. 이제까지 무의식 속에 감추어 둔 미움과 증오의 감정이 한꺼번에 터져 나왔다. 여자는 몸부림치며 울었다. 마음에 자리 잡은 어머니를 향한 미움과 증오의 감정이 다 녹아 없어질 때까지 그녀는 울고 또 울었다. 한 시간쯤 지났을까? 울음을 그치더니 조용히 말했다.

"어머니를 용서하겠습니다."

알렌 목사는 여자에게 기도를 해 주었다. 기적이 일어났다. 그 이후로 통증이 사라졌다. 조금씩 식욕도 일었다. 삶의 의욕이 생겼다. 더 놀라운 건 병원에 가서 정밀검사를 받았더니 암이 사라져 버린 것이다. 여자가 어머니를 용서하고 증오의 감정에서 자유를 얻으며 나타난 변화였다.

사람들은 표면적인 현상만 본다. 그러나 표면 아래에 근본적 원인이 있다. 근본적 원인을 떨치고 나면 표면적인 현상은 사라진다.

남아프리카 대통령을 지낸 넬슨 만델라(1918~2013)는 백인들에 의해 27년 동안 억울한 옥살이를 했다. 27년을 감옥에서라니. 상상할 수 없는 긴 세월이다. 생각하면 얼마나 분하겠는가! 그러나 만델라는 대통령이 되었을 때 자기를 그렇게 괴롭혔던 감옥의 간수들을 취임식장에 귀빈으로 초청했다. 그의 용서와 관용에 온 세계가 놀랐다.

이 일이 있은 뒤에 만델라가 미국을 방문했을 때 클린턴 대통령이 물었다.

"억울하게 옥살이를 하는 당신을 못살게 괴롭히던 간수들을 어떻게 용서하고 대통령 취임식에 초청까지 할 수 있었습니까?"

그때 만델라의 대답이 세계적으로 유명한 명언이 되었다.

"내가 그들을 용서하지 않으면 나는 여전히 감옥에 있는 것입니다."

만델라는 용서함으로써 비로소 완전한 자유인이 되었다. 그는 자유인으로 행복을 누렸고, 세계인들에게 용서와 사랑의 메시지를 전했고, 진정한 평화의 사도로 1993년 노벨 평화상을 수상했다.

왜 용서해야 하는가? 내가 살기 위해서다. 내가 자유를 얻기 위해서다. 내가 행복하기 위해서다. 미움은 타인을 죽이기 전에 나를 죽인다. 미움은 나를 증오의 감옥에 가둔다. 누구 때문이라고 말하는 동안 영원히 그의 노예가 된다. 미움과 증오 속에 죽어가는 노예. 얼마나 비참한가?

그런 감정에서는 감사가 끼어들 틈이 없다. 그러니 용서하라. 행복하기 위해서는 마음에 미움과 증오가 없어야 한다.

미움과 증오는 부정적인 에너지를 형성한다. 부정적인 에너지를 수십 년 동안 발산한다고 생각해 보라. 인생 전체가 불행의 늪에 빠져 버린다. 행복하려면 이 부정적인 에너지를 없애야 한다. 방법은 용서하는 것이다. 인격이 좋아서 용서하는 것이 아니다. 내가 성현이라서가 아니다. 내가 살기 위해서 용서해야 한다. 용서해야 내가 행복해지기 때문이다.

위 에피소드는 극단적인 예다. 그 정도는 아니어도 우리는 평소에 얼마나 많은 원망, 유감, 속단, 차마 말 못하는 섭섭함 같은 감정을 싸안고 사는가. 통칭하면 모두 용서하거나 오해를 풀거나 화해해야 할 일들이다. 그런 감정에 매여서는 행복은 나의 것이 되지 않는다.

이렇듯 감사의 또 한 가지는 용서에서 출발한다. 용서 위에 감사의 집을 지으면 그 집에는 행복이 가득 깃든다. 누가 행복할 수 있는가? 감사하는 자다. 행복은 쟁취하는 것이 아니다. 행복은 조건에 따라 형성되지 않는다.

행복은 감사의 인격에서 열리는 열매다. 좋은 열매를 맺게 하는 원리는 열매에 있지 않다. 뿌리가 튼튼하고 견실하면 좋은 열매가 열린다. 농부는 좋은 열매를 위해 뿌리에 모든 영양분을 투자한다. 행복은 행복을 추구한다고 오지 않는다. 행복은 감사의 뿌리에서 열리는 인생의 열매다. 행복하려면 감사하는 성품을 훈련해야 한다.

행복 자체를 쫓지 마라. 영원히 행복을 얻지 못한다. 감사하는 인격을 갖추라. 넘치는 행복을 거두게 된다. 인생을 지배하는 마지막 법칙은 감사의 법칙이다. 감사할 줄 아는 사람은 삶에 임하는 태도가 다르다.

노력의 결과마저 운이 좋았다고 생각하는 사람은 주변에 감사할 일이 더 많이, 자주 보이게 된다. 그런 사람이 어찌 행복하지 않겠는가.

그러므로 감사하는 사람이 되라. 그러면 성공과 행복의 주인공이 될 것이다. 당신 하나만이 아니라 당신의 가족, 당신 주위에 모여든 모든 사람이 당신으로 인해 행복하게 되는 기분 좋은 경험을 하게 될 것이다.

잊지 마라. "감사합니다."에 행복의 길이 있다는 것을.